청어람e))

연령 **7-11**세

DK

수학이 쉬워지는
**하루 10분
분수**

션 맥아들 지음
김영옥 옮김

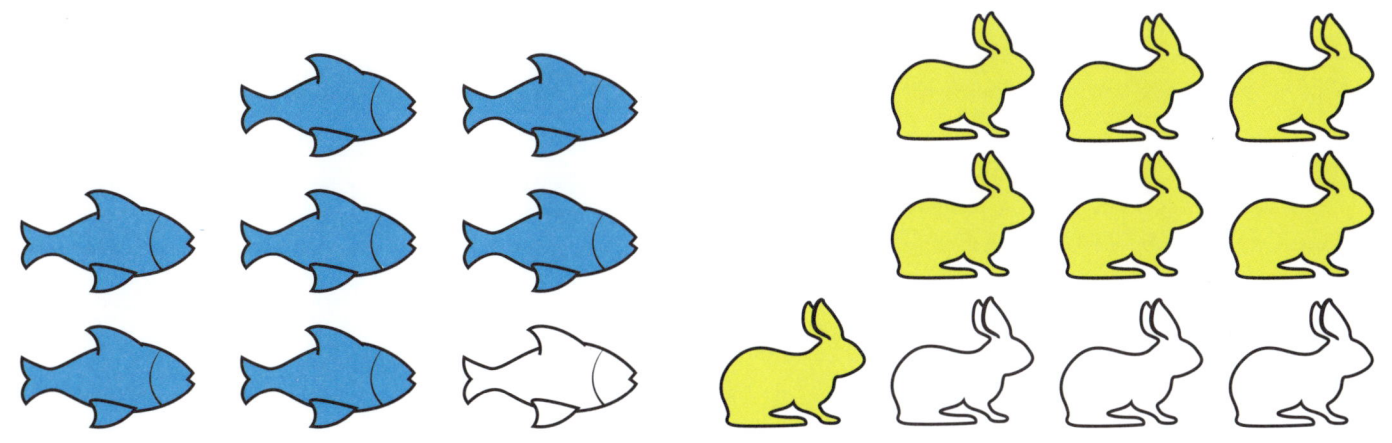

10분 도전하기

주제별 연습문제를 10분 안에 마무리해보세요.
아래 보이는 '걸린 시간'에 시간을 기록합니다.

수학이 쉬워지는 하루 10분 분수

1판 1쇄 찍은날 2021년 1월 22일
1판 1쇄 펴낸날 2021년 2월 20일

지은이 션 맥아들
옮긴이 김영옥
펴낸이 정종호
펴낸곳 (주)청어람미디어(청어람e)

편집 박세희
디자인 이원우, 구민재
마케팅 황효선
제작·관리 정수진

등록 1998년 12월 8일 제22-1469호
주소 03908 서울 마포구 월드컵북로 375
(상암동 DMC 이안상암 1단지) 402호
전화 02-3143-4006~8
팩스 02-3143-4003
이메일 chungaram@naver.com
블로그 www.chungarammedia.com

ISBN 979-11-5871-158-0 74410
979-11-5871-154-2 (세트)

잘못된 책은 구입하신 서점에서 바꾸어 드립니다.
값은 뒤표지에 있습니다.

Original Title: 10 Minutes a Day Maths Fractions
Copyright © Dorling Kindersley Limited, 2015
A Penguin Random House Company

차례

걸린 시간

- **4** $\frac{1}{10}$ 로 계산하기
- **6** 숫자, 물건, 그룹 분수
- **8** 분수와 나눗셈 1
- **10** 분수와 나눗셈 2
- **12** 분수와 나눗셈 3
- **14** 크기가 같은 분수 1
- **16** 분수의 덧셈 1
- **18** 분수의 뺄셈 1
- **20** 시간 안에 끝내기 1
- **22** 분수의 비교와 나열

실력 키우기:
이 코너에는 실력을 더욱 향상시키기 위한 추가적인 과제들이 있습니다. 연습문제를 다 풀고 시간이 남으면 도전해보세요. 아니면 이 문제들로 '10분 도전하기'를 해볼 수도 있어요.

- **24** $\frac{1}{100}$ 로 계산하기
- **26** 까다로운 분수 문제
- **28** 크기가 같은 분수 2
- **30** 분수의 덧셈 2
- **32** 분수의 뺄셈 2
- **34** 비교하고 나열하고 약분하기
- **36** 대분수와 가분수
- **38** 더하고 빼고 약분하기
- **40** 시간 안에 끝내기 2
- **42** 분수의 곱셈 1
- **44** 분수의 곱셈 2
- **46** 곱하고 약분하기
- **48** 분수의 나눗셈
- **50** 분수의 곱셈과 나눗셈
- **52** 통분
- **54** 분수의 비교
- **56** 더 많은 덧셈과 뺄셈
- **58** 분수와 소수
- **60** 분수와 백분율 1
- **62** 분수와 백분율 2
- **64** 시간 안에 끝내기 3
- **66** 해답과 학부모를 위한 지도 요령

4

$\frac{1}{10}$로 계산하기

숫자, 물건, 그룹을
똑같이 10등분하면서
분수 실력을 키워보세요.
그럼, 시작!

① 수직선을 완성해보세요. 빈칸에 빠진 분수를 써보세요.

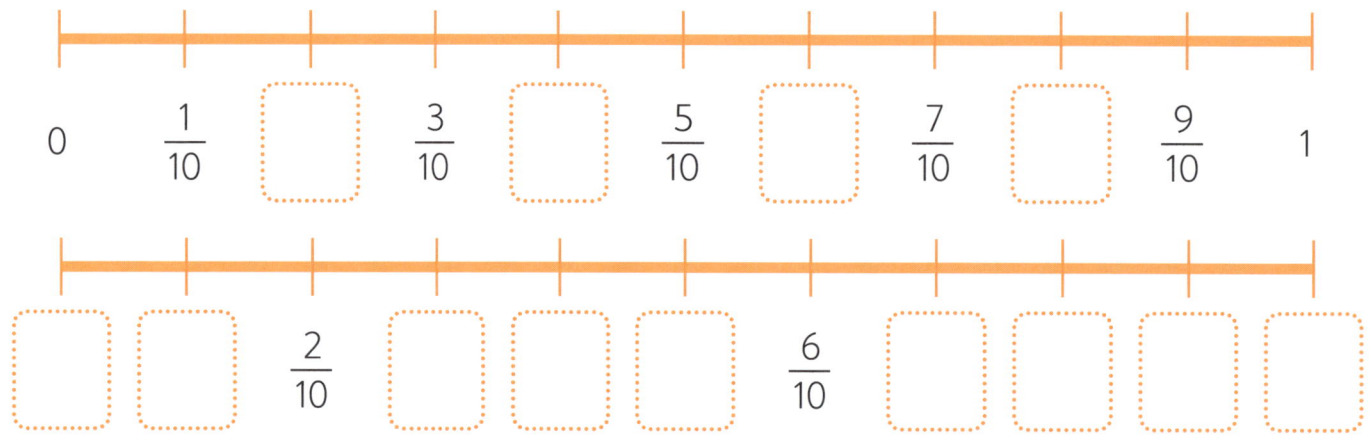

② 각 분수보다 $\frac{1}{10}$ 더 큰 분수를 써보세요.

$\frac{3}{10}$ $\frac{\square}{\square}$ $\frac{8}{10}$ $\frac{\square}{\square}$ $\frac{5}{10}$ $\frac{\square}{\square}$ $\frac{1}{10}$ $\frac{\square}{\square}$ $\frac{7}{10}$ $\frac{\square}{\square}$

③ 각 분수보다 $\frac{1}{10}$ 더 작은 분수를 써보세요.

$\frac{2}{10}$ $\frac{\square}{\square}$ $\frac{9}{10}$ $\frac{\square}{\square}$ $\frac{6}{10}$ $\frac{\square}{\square}$ $\frac{4}{10}$ $\frac{\square}{\square}$ 1 $\frac{\square}{\square}$

④ 각 분수보다 $\frac{3}{10}$ 더 큰 분수를 써보세요.

$\frac{6}{10}$ $\frac{\square}{\square}$ $\frac{1}{10}$ $\frac{\square}{\square}$ $\frac{4}{10}$ $\frac{\square}{\square}$ $\frac{3}{10}$ $\frac{\square}{\square}$ 0 $\frac{\square}{\square}$

실력 키우기:

긴 자를 이용해 종이 위에 30센티미터 길이의 선을 그은 다음 10등분으로 나눠 표시하세요(3센티미터마다 표시하면 돼요). 아래 분수들은 30센티미터에서 각각 몇 센티미터일까요?

$\dfrac{1}{10}$ $\dfrac{3}{10}$ $\dfrac{4}{10}$ $\dfrac{5}{10}$ $\dfrac{9}{10}$

⑤ 전체 배의 $\dfrac{3}{10}$개에 X 표시하세요.

⑥ 전체 사과의 $\dfrac{9}{10}$개에 X 표시하세요.

⑦ 오렌지를 10개의 묶음으로 나누세요.

⑧ 전체 바나나의 $\dfrac{6}{10}$개에 색칠하세요.

⑨ 각 도형의 $\dfrac{7}{10}$만큼 색칠하세요.

6
숫자, 물건, 그룹 분수

이제 한 걸음 더 나아가
$\frac{1}{2}, \frac{1}{3}, \frac{1}{4}, \frac{1}{5}$ 같은
새로운 분수를 소개할게요.

① 수직선을 완성해보세요. 빈칸에 빠진 분수를 써보세요.

② 어둡게 색칠된 동물의 수를 분수로 나타내보세요.

③ 분수에 맞게 색칠해보세요.

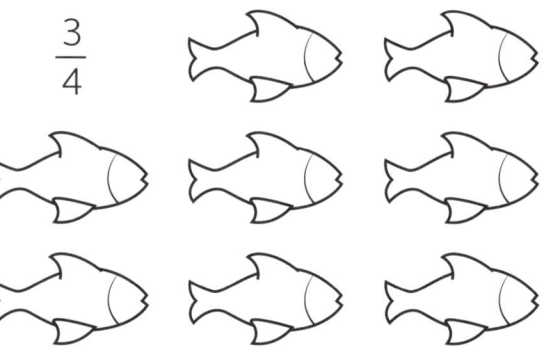

④ 각 수의 $\frac{1}{3}$은 몇인가요?

12 ☐   3 ☐
15 ☐   9 ☐

⑤ 각 수의 $\frac{2}{3}$는 몇인가요?

30 ☐   3 ☐
18 ☐   6 ☐

실력 키우기:
이 문제를 풀 수 있나요?
농부 아저씨는 40마리의 양을 키워요.
그중 5마리는 검정색이고 나머지는 흰색이에요.
흰 양은 전체의 얼마인가요?

6 둘을 비교해서 알게 된 사실은 무엇인가요?

동그라미의 $\frac{3}{5}$을 색칠하세요.   동그라미의 $\frac{6}{10}$을 색칠하세요.

7 둘을 비교해서 알게 된 사실은 무엇인가요?

소의 $\frac{1}{2}$을 색칠하세요.   소의 $\frac{2}{4}$를 색칠하세요.

   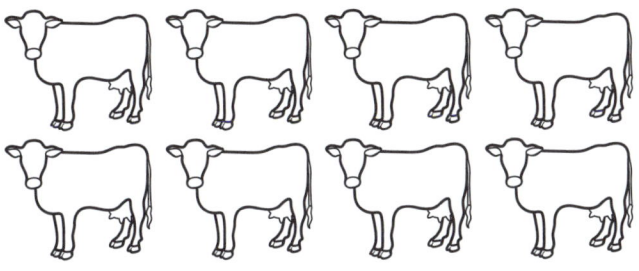

8 각 수보다 $\frac{1}{4}$ 더 큰 수는 무엇인가요?

$1\frac{1}{2}$ ☐ $1\frac{3}{4}$ ☐

9 각 수보다 $\frac{1}{10}$ 더 작은 수는 무엇인가요?

$\frac{9}{10}$ ☐ $\frac{1}{2}$ ☐

10 빈칸을 채우세요.

3은 5분의 ☐ 와 같아요. $\frac{3}{5}$은 10분의 ☐ 과 같아요.

분수와 나눗셈 1

분수를 찾는 문제는 나눗셈과 관련이 있어요.
어떤 수의 절반을 찾기 위해서는 그 수를 2로 나눠야 합니다.
$\frac{1}{4}$을 찾으려면 4로 나눠야 하고
$\frac{1}{3}$을 찾으려면 3으로 나눠야 하지요!

① 각 수의 $\frac{1}{2}$을 구해보세요.

8g □ 4cm □ 10m □ 2원 □

10원 □ 20원 □ 6원 □ 12원 □

② 각 수를 2로 나눠보세요.

4 □ 2 □ 8 □ 10 □

20 □ 12 □ 14 □ 6 □

③ 각 수의 $\frac{1}{3}$을 구해보세요.

6 □ 12 □ 3 □ 15 □

24 □ 39 □ 18 □ 36 □

실력 키우기

우리 반에는 학생이 몇 명 있나요?
다음 주 어느 날, 3명의 학생이 아파서 결석한다면
그날 학교에 나온 학생의 수는 분수로 얼마일까요?

④ 각 수를 3으로 나눠보세요.

12원 ☐   6g ☐   15cm ☐   3원 ☐

⑤ 각 수의 $\frac{2}{3}$를 구해보세요.

9g ☐   18cm ☐   30m ☐   3원 ☐

6원 ☐   12cm ☐   18g ☐   15원 ☐

⑥ 각 수의 $\frac{1}{4}$을 구해보세요.

4원 ☐   20g ☐   16cm ☐   8원 ☐

⑦ 각 수를 4로 나눠보세요.

16 ☐   4 ☐   12 ☐   20 ☐

분수와 나눗셈 2

여기, 나눗셈 실력을 발휘해야 할
문제가 참 많이 있네요.
재미있게 풀어보세요!

① 각 수의 $\frac{3}{4}$을 구해보세요.

8g ☐   4cm ☐   12m ☐   20원 ☐

16원 ☐   24g ☐   40cm ☐   4원 ☐

② 각 수의 $\frac{1}{10}$을 구해보세요.

50원 ☐   10cm ☐   30g ☐   80cm ☐

③ 각 수를 10으로 나눠보세요.

20 ☐   50 ☐   10 ☐   30 ☐

④ 각 수의 $\frac{2}{4}$를 구해보세요.

18 ☐   16 ☐   40 ☐   6 ☐

실력 키우기:
문제를 각각 푼 뒤 모두 더해 합계를 구해보세요.

500원의 $\frac{1}{2}$ 180원의 $\frac{1}{6}$ 1,000원의 $\frac{3}{4}$

600원의 $\frac{1}{4}$ 2,400원의 $\frac{1}{8}$ 950원의 $\frac{3}{5}$

⑤ 각 수의 $\frac{1}{5}$을 구해보세요.

25원 ☐   5cm ☐   50g ☐   10cm ☐

⑥ 각 수를 5로 나눠보세요.

15 ☐   25 ☐   5 ☐   20 ☐

⑦ 민지는 100그램짜리 초콜릿 한 개를 샀어요. 그중 $\frac{2}{5}$는 케이크를 만드는 데 쓰고 나머지는 먹었어요. 케이크에 들어간 초콜릿은 몇 그램일까요?

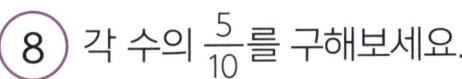

⑧ 각 수의 $\frac{5}{10}$를 구해보세요.

10 ☐   30 ☐   60 ☐   100 ☐

12

분수와 나눗셈 3

이제 분수가 한결 쉽게 느껴지지 않나요?
실력을 더 키우기 위해 연습문제를 풀어보세요.

① 각 분수를 읽고 써보세요.

$\frac{1}{2}$ .... $\frac{1}{4}$ ....

$\frac{1}{10}$ .... $\frac{1}{3}$ ....

② 각 분수를 수로 나타내보세요.

5분의 2   □/□   4분의 3   □/□   10분의 2   □/□

③ 각 수의 $\frac{2}{3}$를 구해보세요.

21원 □   33cm □   60g □   27원 □

④ 각 수의 $\frac{4}{5}$를 구해보세요.

25 □   45 □   50 □   5 □

⑤ 각 수의 $\frac{7}{10}$을 구해보세요.

30g □   60cm □   120 m □   10원 □

실력 키우기

학교에서 하는 활동 중, 수학 문제 풀기, 독서, 작문 연습, 게임 등 특별한 활동 몇 가지를 써보세요. 학교에서 보내는 시간 가운데 그런 활동들에 걸리는 시간을 대략 분수로 나타내보세요.

6) 각 수가 30의 얼마인지 분수로 나타내보세요.

15 $\frac{\square}{\square}$ 3 $\frac{\square}{\square}$ 10 $\frac{\square}{\square}$ 6 $\frac{\square}{\square}$

7) 각 수가 24의 얼마인지 분수로 나타내보세요.

8 $\frac{\square}{\square}$ 6 $\frac{\square}{\square}$ 12 $\frac{\square}{\square}$ 16 $\frac{\square}{\square}$

8) 각 수가 10의 얼마인지 분수로 나타내보세요.

5 $\frac{\square}{\square}$ 1 $\frac{\square}{\square}$ 6 $\frac{\square}{\square}$ 9 $\frac{\square}{\square}$

9) 각 수가 50의 얼마인지 분수로 나타내보세요.

10 $\frac{\square}{\square}$ 5 $\frac{\square}{\square}$ 25 $\frac{\square}{\square}$ 30 $\frac{\square}{\square}$

10) 각 수가 60의 얼마인지 분수로 나타내보세요.

6 $\frac{\square}{\square}$ 12 $\frac{\square}{\square}$ 30 $\frac{\square}{\square}$ 20 $\frac{\square}{\square}$

크기가 같은 분수 1

숫자, 물건, 그룹을 나타내는 분수를
분자와 분모는 다르지만
크기가 같은 분수로 써보세요.

① 크기가 같은 분수끼리 선으로 이어주세요.

$\dfrac{3}{5}$ $\dfrac{8}{10}$ $\dfrac{1}{2}$ $\dfrac{6}{10}$ $\dfrac{5}{10}$ $\dfrac{4}{5}$ $\dfrac{2}{10}$ $\dfrac{1}{5}$

② 각 동그라미의 $\dfrac{1}{2}$을 색칠하세요.

③ 각 동그라미의 $\dfrac{3}{4}$을 색칠하세요.

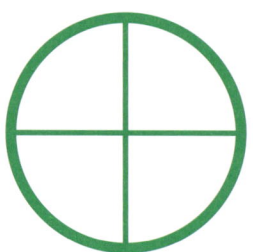   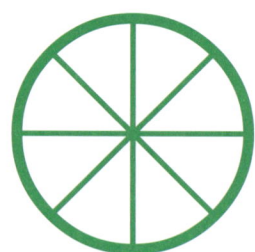

④ 각 동그라미의 $\dfrac{4}{5}$를 색칠하세요.

실력 키우기: 종이를 똑같이 다섯 조각으로 잘라주세요. 첫 번째 조각은 그대로 두고 두 번째 조각은 길이 방향의 절반에 표시를 해주세요. 세 번째 조각은 4등분, 네 번째 조각은 10등분, 다섯 번째는 20등분 해서 표시를 해주세요. 조각들을 차곡차곡 쌓아주세요. 표시를 달리해도 각 조각들의 크기가 같다는 사실을 확인할 수 있을 거예요.

⑤ 각 동그라미의 $\frac{6}{10}$을 색칠하세요.

⑥ 각 동그라미의 $\frac{3}{4}$을 색칠하세요.

⑦ 각 분수와 크기가 같은 분수를 하나씩 써주세요.

$\frac{2}{5}\ \frac{\Box}{\Box}$ $\frac{1}{2}\ \frac{\Box}{\Box}$ $\frac{5}{10}\ \frac{\Box}{\Box}$ $\frac{2}{4}\ \frac{\Box}{\Box}$

⑧ 빈칸을 채워 크기가 같은 분수를 완성하세요.

$\frac{1}{2} = \frac{\Box}{10} = \frac{6}{\Box} = \frac{\Box}{4}$

분수의 덧셈 1

분모가 같은 분수의 덧셈은 쉬워요.
분자(분수에서 위쪽에 있는 수)를
서로 더하기만 하면 되니까요.

1 분수의 덧셈을 해보세요. 답을 약분하세요.

$\frac{1}{2} + \frac{1}{2} = \square = \square$ $\frac{2}{3} + \frac{1}{3} = \square = \square$ $\frac{3}{10} + \frac{3}{10} = \square = \square$

$\frac{1}{5} + \frac{4}{5} = \square = \square$ $\frac{3}{6} + \frac{1}{6} = \square = \square$ $\frac{6}{10} + \frac{4}{10} = \square = \square$

$\frac{6}{7} + \frac{1}{7} = \square = \square$ $\frac{3}{5} + \frac{2}{5} = \square = \square$ $\frac{5}{10} + \frac{3}{10} = \square = \square$

$\frac{5}{6} + \frac{1}{6} = \square = \square$ $\frac{2}{7} + \frac{5}{7} = \square = \square$ $\frac{8}{10} + \frac{2}{10} = \square = \square$

2 분수의 덧셈을 해보세요. 답을 약분하세요.

$\frac{1}{5} + \frac{1}{5} = \square$ $\frac{1}{4} + \frac{1}{4} = \square$ $\frac{5}{7} + \frac{1}{7} = \square$

$\frac{4}{6} + \frac{1}{6} = \square$ $\frac{1}{5} + \frac{2}{5} = \square$ $\frac{6}{10} + \frac{2}{10} = \square$

$\frac{3}{6} + \frac{1}{6} = \square$ $\frac{3}{5} + \frac{1}{5} = \square$ $\frac{4}{10} + \frac{5}{10} = \square$

$\frac{2}{7} + \frac{3}{7} = \square$ $\frac{1}{3} + \frac{1}{3} = \square$ $\frac{3}{10} + \frac{6}{10} = \square$

$\frac{3}{6} + \frac{2}{6} = \square$ $\frac{1}{4} + \frac{1}{4} + \frac{1}{4} = \square$ $\frac{1}{5} + \frac{1}{5} + \frac{1}{5} = \square$

> **실력 키우기:**
> 아래 나오는 액수의 $\frac{3}{5}$을 각각 구해보세요.
> 20,000원　　　5,000원　　　3,500원
> 답을 잘 확인한 다음 모두 더해보세요.
> 더한 값이 원래 값을 더한 것의 $\frac{3}{5}$이어야 합니다.
> 더 많은 돈 문제에 도전해보세요.

③ 준호는 10의 $\frac{1}{5}$에 20의 $\frac{2}{5}$를 더했어요.

　준호가 구한 답은 얼마일까요?

④ 선영이는 12의 $\frac{1}{4}$에 16의 $\frac{3}{4}$을 더했어요.

　선영이가 구한 답은 얼마일까요?

⑤ 수진이는 300원의 $\frac{6}{10}$에 200원의 $\frac{3}{10}$을 더했어요.

　이제 수진이는 얼마를 갖고 있나요?

⑥ 원우는 400원의 $\frac{3}{4}$에 160원의 $\frac{1}{4}$을 더했어요.

　이제 원우는 얼마를 갖고 있나요?

⑦ 질문에 답하세요.

　25의 $\frac{3}{5}$ 더하기 25의 $\frac{2}{5}$

　20의 $\frac{7}{10}$에 20의 $\frac{1}{10}$을 더하면 얼마일까요?

　10,000원의 $\frac{6}{10}$에 10,000원의 $\frac{2}{10}$를 더하면 얼마일까요?

분수의 뺄셈 1

**분모가 같은 분수의 뺄셈도 쉬워요!
답을 구하려면 분자끼리 빼면 됩니다.**

1 분수의 뺄셈을 해보세요. 정답을 약분하세요.

$\dfrac{1}{2} - \dfrac{1}{2} = \square$ $\dfrac{2}{3} - \dfrac{1}{3} = \square$ $\dfrac{8}{3} - \dfrac{6}{3} = \square$

$\dfrac{6}{4} - \dfrac{3}{4} = \square$ $\dfrac{3}{4} - \dfrac{2}{4} = \square$ $\dfrac{8}{4} - \dfrac{3}{4} = \square$

$\dfrac{4}{5} - \dfrac{3}{5} = \square$ $\dfrac{3}{5} - \dfrac{2}{5} = \square$ $\dfrac{4}{5} - \dfrac{1}{5} = \square$

$\dfrac{4}{6} - \dfrac{3}{6} = \square$ $\dfrac{8}{6} - \dfrac{2}{6} = \square$ $\dfrac{9}{6} - \dfrac{1}{6} = \square$

$\dfrac{6}{7} - \dfrac{4}{7} = \square$ $\dfrac{2}{7} - \dfrac{1}{7} = \square$ $\dfrac{5}{7} - \dfrac{3}{7} = \square$

$\dfrac{4}{8} - \dfrac{4}{8} = \square$ $\dfrac{4}{8} - \dfrac{3}{8} = \square$ $\dfrac{7}{8} - \dfrac{5}{8} = \square$

$\dfrac{4}{9} - \dfrac{2}{9} = \square$ $\dfrac{5}{9} - \dfrac{1}{9} = \square$ $\dfrac{6}{9} - \dfrac{6}{9} = \square$

$\dfrac{8}{10} - \dfrac{3}{10} = \square$ $\dfrac{6}{10} - \dfrac{5}{10} = \square$ $\dfrac{9}{10} - \dfrac{3}{10} = \square$

$\dfrac{7}{10} - \dfrac{4}{10} = \square$ $\dfrac{9}{10} - \dfrac{5}{10} = \square$ $\dfrac{5}{10} - \dfrac{1}{10} = \square$

실력 키우기:

소풍에 가져갈 컵케이크를 25개 만들었어요. 그중에 $\frac{3}{5}$을 먹고 $\frac{1}{5}$은 바닥에 떨어뜨리는 바람에 버렸어요. 남은 컵케이크는 몇 개인가요?
남은 컵케이크는 전체의 얼마인가요?

② 답을 구해보세요.

$1 - \frac{1}{2} = \boxed{}$ $1 - \frac{1}{3} = \boxed{}$ $1 - \frac{1}{4} = \boxed{}$

$1 - \frac{6}{7} = \boxed{}$ $1 - \frac{6}{8} = \boxed{}$ $1 - \frac{7}{10} = \boxed{}$

③ 세희가 생일 케이크의 $\frac{2}{5}$를 먹었고 여동생이 $\frac{1}{5}$을 먹었어요. 케이크는 얼마나 남았나요?

$\frac{\boxed{}}{\boxed{}}$

④ 효선이가 피자의 $\frac{3}{8}$을 먹고 희정이가 $\frac{2}{8}$를 먹었어요. 철수는 그 나머지를 먹었어요. 철수는 전체 피자의 얼마를 먹었을까요?

$\frac{\boxed{}}{\boxed{}}$

⑤ 200원의 $\frac{3}{5}$과 200원의 $\frac{2}{5}$의 차이는 얼마인가요?

⑥ 빈칸을 채워보세요.

$\frac{2}{7} + \frac{\boxed{}}{\boxed{}} + \frac{1}{7} = 1$ $\frac{4}{10} + \frac{\boxed{}}{\boxed{}} + \frac{2}{10} = 1$

20 시간 안에 끝내기 1

이제 분수 실력이 얼마나 늘었는지 테스트해보세요.
빨리 풀되 정확하게 푸는 것이 중요해요.
10분 안에 몇 문제를 풀 수 있나요?

각 수의 $\frac{1}{2}$을 구해보세요.

1) 6
2) 12
3) 20
4) 18
5) 40
6) 100
7) 2
8) 10
9) 80
10) 30
11) 50
12) 12

각 수의 $\frac{1}{4}$을 구해보세요.

13) 40원
14) 20cm
15) 40m
16) 8cm
17) 12cm
18) 800원
19) 16cm
20) 24g
21) 36m
22) 28g
23) 440원
24) 600원

각 수의 $\frac{1}{5}$을 구해보세요

25) 500원
26) 20g
27) 5cm
28) 45m
29) 35cm
30) 100g

실력 키우기:
맞춘 답의 개수를 세어보고 전체 문제 중에서 맞춘 답의 개수가 분수로 얼마인지 구해보세요. 다음에 다시 이 과정을 반복해보고 실력이 향상되었는지 살펴보세요.

각 수의 $\frac{2}{3}$를 구해보세요

㉛ 30g
㉜ 120원
㉝ 3g
㉞ 9g
㉟ 15cm
㊱ 24g
㊲ 600원
㊳ 18m
㊴ 33g
㊵ 60원
㊶ 21cm
㊷ 270원

각 수의 $\frac{3}{4}$을 구해보세요.

㊸ 160원
㊹ 24g
㊺ 4cm
㊻ 12g
㊼ 40g
㊽ 80원
㊾ 28m
㊿ 36cm
51 320원
52 60cm
53 20g
54 4,400원

각 수의 $\frac{3}{5}$을 구해보세요.

55 150원
56 40g
57 2,500원
58 60m
59 500원
60 35g

22

분수의 비교와 나열

어느 것이 더 큰가요? 어느 것이 더 작은가요?
이 문제들을 풀고 나면 분수 크기 비교는
누워서 식은 죽 먹기가 될 거예요!

1 둘 중 더 작은 것에 동그라미하세요.

$\frac{1}{4}$　$\frac{3}{4}$　　　$\frac{1}{3}$　$\frac{2}{3}$　　　$\frac{4}{5}$　$\frac{2}{5}$　　　$\frac{1}{10}$　$\frac{7}{10}$

$\frac{6}{5}$　$\frac{1}{5}$　　　$\frac{4}{6}$　$\frac{5}{6}$　　　$\frac{5}{6}$　$\frac{1}{6}$　　　$\frac{8}{10}$　$\frac{3}{10}$

$\frac{2}{7}$　$\frac{4}{7}$　　　$\frac{7}{8}$　$\frac{4}{8}$　　　$\frac{3}{5}$　$\frac{1}{5}$　　　$\frac{8}{9}$　$\frac{7}{9}$

$\frac{3}{7}$　$\frac{5}{7}$　　　$\frac{2}{8}$　$\frac{4}{8}$　　　$\frac{5}{8}$　$\frac{3}{8}$　　　$\frac{7}{10}$　$\frac{9}{10}$

2 둘 중 더 큰 것에 동그라미하세요.

$\frac{3}{5}$　$\frac{1}{5}$　　　$\frac{4}{5}$　$\frac{3}{5}$　　　$\frac{5}{8}$　$\frac{4}{8}$　　　$\frac{2}{10}$　$\frac{1}{10}$

$\frac{3}{7}$　$\frac{1}{7}$　　　$\frac{2}{9}$　$\frac{4}{9}$　　　$\frac{3}{4}$　$\frac{2}{4}$　　　$\frac{3}{10}$　$\frac{4}{10}$

$\frac{5}{6}$　$\frac{2}{6}$　　　$\frac{5}{7}$　$\frac{6}{7}$　　　$\frac{5}{6}$　$\frac{2}{6}$　　　$\frac{5}{8}$　$\frac{3}{8}$

$\frac{2}{3}$　$\frac{1}{3}$　　　$\frac{3}{5}$　$\frac{4}{5}$　　　$\frac{3}{9}$　$\frac{5}{9}$　　　$\frac{1}{4}$　$\frac{2}{4}$

실력 키우기:

직접 분수를 여러 개 만들어 작은 분수부터 시작하거나 큰 분수부터 시작하는 식으로 나열해보세요.
부모님께 일부가 빠져 있는 분수들을 만들어달라고 부탁한 다음 빠진 분수를 찾아보세요.

3) 분수를 순서에 맞게 나열하세요. 작은 것부터 시작하세요.

$\frac{4}{5}$ $\frac{1}{5}$ $\frac{5}{5}$ ☐ ☐ ☐ $\frac{7}{10}$ $\frac{3}{10}$ $\frac{5}{10}$ ☐ ☐ ☐

$\frac{7}{8}$ $\frac{4}{8}$ $\frac{2}{8}$ ☐ ☐ ☐ $\frac{9}{10}$ $\frac{6}{10}$ $\frac{8}{10}$ ☐ ☐ ☐

4) 분수를 순서에 맞게 나열하세요. 큰 것부터 시작하세요.

$\frac{8}{9}$ $\frac{3}{9}$ $\frac{5}{9}$ $\frac{7}{9}$ ☐ ☐ ☐ ☐ $\frac{8}{8}$ $\frac{4}{8}$ $\frac{2}{8}$ $\frac{5}{8}$ ☐ ☐ ☐ ☐

$\frac{2}{7}$ $\frac{4}{7}$ $\frac{1}{7}$ $\frac{6}{7}$ ☐ ☐ ☐ ☐ $\frac{4}{10}$ $\frac{7}{10}$ $\frac{5}{10}$ $\frac{8}{10}$ ☐ ☐ ☐ ☐

5) 분수를 순서에 맞게 나열하세요. 작은 것부터 시작하세요.

$\frac{6}{10}$ $\frac{2}{10}$ $\frac{5}{10}$ $\frac{8}{10}$ $\frac{7}{10}$ $\frac{3}{10}$ ☐ ☐ ☐ ☐ ☐ ☐

$\frac{1}{100}$ 로 계산하기

$\frac{1}{100}$로 계산하기는 길이를 측정하고 돈을 계산할 때 쓸 수 있기 때문에 실생활에 유용하게 쓸 수 있어요.

① 각 금액을 $\frac{1}{100}$로 써보세요.

500원　　1,300원　　800원　　1,500원

2,100원　　1,800원　　2,600원　　200원

4,000원　　5,800원　　6,700원　　9,500원

② 각 수를 $\frac{1}{100}$하여 미터로 써보세요.

1미터=100센티미터　1센티미터=$\frac{1}{100}$×1미터

4cm　　27cm　　53cm　　88cm

③ 새 텔레비전의 가격은 300,000원입니다. 상우는 그 금액의 $\frac{40}{100}$을 모았어요. 얼마를 더 모아야 할까요?

실력 키우기:
책상 위나 집안에서 서로 다른 길이의 물건들을 찾아 몇 센티미터인지 재보세요. 그런 다음 각각 $\frac{1}{100}$하여 미터로 나타내보세요.

④ 빠진 분수를 채워 규칙을 완성하세요.

$\frac{10}{100}$　$\frac{\square}{\square}$　$\frac{30}{100}$　$\frac{\square}{\square}$　$\frac{\square}{\square}$　$\frac{\square}{\square}$　$\frac{70}{100}$　$\frac{\square}{\square}$　$\frac{\square}{\square}$

$\frac{100}{100}$　$\frac{\square}{\square}$　$\frac{\square}{\square}$　$\frac{\square}{\square}$　$\frac{50}{100}$　$\frac{\square}{\square}$　$\frac{\square}{\square}$　$\frac{\square}{\square}$　$\frac{\square}{\square}$

⑤ 크리스마스 파티를 위해 반에서 100,000원을 모았어요. 파티 준비로 $\frac{60}{100}$을 쓰고 나머지는 자선단체에 기부했어요. 자선단체에 기부한 돈은 얼마인가요?

⑥ 각 수의 $\frac{1}{100}$을 구해보세요.

2,000원 ☐　　3.5m ☐　　60m ☐　　10m ☐

9m ☐　　20,000원 ☐　　100,000원 ☐　　70m ☐

6,000원 ☐　　400,000원 ☐　　19,000원 ☐　　130,000원 ☐

까다로운 분수 문제

분수를 공부하는 것은 어려울 수 있지만 배워둘 가치가 있어요. 여기 나오는 문제들과 씨름하다 보면 곧 분수가 일상생활에서 얼마나 유용하게 쓰이는지 알게 될 거예요.

① 각 수의 $\frac{5}{6}$를 구해보세요.

18g ☐   30cm ☐   60kg ☐   72원 ☐

② 각 수의 $\frac{9}{10}$를 구해보세요.

130kg ☐   250g ☐   80원 ☐   10원 ☐

③ 각 기간의 $\frac{5}{7}$는 며칠인가요?

3주 ☐   12주 ☐

7주 ☐   20주 ☐

④ 작은 수는 더 큰 수의 얼마인가요?

18의 $\frac{\square}{\square}$ 은 6   20의 $\frac{\square}{\square}$ 은 5   36의 $\frac{\square}{\square}$ 은 18

⑤ 작은 수는 더 큰 수의 얼마인가요?

30원과 3,000원 $\frac{\square}{\square}$ 1.5m 와 6m $\frac{\square}{\square}$

실력 키우기:
답을 구해보세요.
수철이는 5,500원짜리 책을 사고 10,000원을 지불했어요. 수철이는 지불한 돈의 얼마를 거슬러 받았는지 분수로 답해보세요.
분수 문제를 더 많이 만들어 답을 구해보세요.

6 문장제 문제를 풀어보세요.

민수는 장난감 벽돌을 100개 갖고 있어요. 그중 $\frac{9}{10}$가 빨간색이에요. 빨간색이 아닌 벽돌은 몇 개인가요?

세희는 사과를 12개 샀어요. 그중 $\frac{1}{6}$이 썩어 있었어요. 썩지 않은 사과는 몇 개인가요?

7 각 수업시간의 $\frac{2}{3}$는 몇 분일까요?

수업시간이 30분이면

수업시간이 1시간이면

수업시간이 $2\frac{1}{2}$시간이면

8 각 쌍에서 작은 수는 큰 수의 얼마인지 분수로 나타내보세요.

| 32 (28) | 64 (56) | 40 (35) | 80 (32) | 150 (60) | 200 (80) |

크기가 같은 분수 2

전혀 달라 보이지만 알고 보면
똑같은 분수들을 더 공부해보세요.
조만간 크기가 같은 분수의 전문가가 될 거예요.

① $\dfrac{1}{4}$과 크기가 같은 분수에 동그라미하세요.

$\dfrac{2}{8}$ $\dfrac{5}{20}$ $\dfrac{6}{30}$ $\dfrac{40}{160}$ $\dfrac{7}{26}$ $\dfrac{100}{400}$

② $\dfrac{2}{5}$와 크기가 같은 분수에 동그라미하세요.

$\dfrac{4}{8}$ $\dfrac{20}{50}$ $\dfrac{22}{55}$ $\dfrac{8}{20}$ $\dfrac{3}{6}$ $\dfrac{400}{1000}$

③ $\dfrac{7}{10}$과 크기가 같은 분수에 동그라미하세요.

$\dfrac{14}{20}$ $\dfrac{21}{30}$ $\dfrac{28}{50}$ $\dfrac{70}{100}$ $\dfrac{42}{70}$ $\dfrac{8}{11}$

④ 답을 구해보세요.

1,000원의 $\dfrac{9}{10}$는?   3m의 $\dfrac{7}{100}$은?

2,000원의 $\dfrac{7}{100}$은?   5kg의 $\dfrac{3}{10}$은?

⑤ 빈칸을 채워 크기가 같은 분수를 완성해보세요.

$\dfrac{6}{8} = \dfrac{\boxed{}}{72} = \dfrac{60}{\boxed{}} = \dfrac{\boxed{2}}{16} = \dfrac{72}{\boxed{}}$

실력 키우기:

동그라미를 하나 그리고 그 동그라미의 $\frac{3}{4}$을 색칠하세요. 이제 자로 동그라미에 더 많은 선을 그어 크기가 같은 분수인 $\frac{6}{8}$을 만들어보세요. 그런 다음 더 많은 선을 그어 $\frac{12}{16}$와 $\frac{24}{32}$를 만들어보세요.

6 체스판은 사각형이에요. 이 사각형은 더 작은 사각형 64개로 나누어져 있어요.

체스판의 $\frac{7}{8}$에 작은 사각형이 몇 개 있나요?

체스판의 $\frac{3}{4}$에 작은 사각형이 몇 개 있나요?

7 각 분수를 약분해보세요.

$\frac{20}{30}$ $\frac{12}{18}$ $\frac{16}{48}$ $\frac{70}{100}$

$\frac{18}{36}$ $\frac{19}{76}$ $\frac{72}{96}$ $\frac{2000}{3000}$

8 각 분수와 크기가 같은 분수를 4개씩 찾아보세요.

$\frac{3}{5} = \frac{\ }{\ } = \frac{\ }{\ } = \frac{\ }{\ } = \frac{\ }{\ }$ $\frac{5}{12} = \frac{\ }{\ } = \frac{\ }{\ } = \frac{\ }{\ } = \frac{\ }{\ }$

$\frac{7}{8} = \frac{\ }{\ } = \frac{\ }{\ } = \frac{\ }{\ } = \frac{\ }{\ }$ $\frac{9}{10} = \frac{\ }{\ } = \frac{\ }{\ } = \frac{\ }{\ } = \frac{\ }{\ }$

분수의 덧셈 2

분수의 덧셈을 하다 보면
분자가 분모보다 더 커질 수도 있어요.
이 페이지에서는 이런 가분수를
대분수로 바꾸는 연습을 할 거예요.

① 분수를 더해보세요. 답을 대분수로 바꿔주세요.

$\frac{1}{2} + \frac{3}{2} = \square = \square$ $\frac{3}{2} + \frac{2}{2} = \square = \square$ $\frac{5}{2} + \frac{4}{2} = \square = \square$

$\frac{4}{2} + \frac{7}{2} = \square = \square$ $\frac{1}{4} + \frac{3}{4} = \square = \square$ $\frac{6}{4} + \frac{2}{4} = \square = \square$

$\frac{4}{4} + \frac{3}{4} = \square = \square$ $\frac{6}{4} + \frac{5}{4} = \square = \square$ $\frac{2}{4} + \frac{3}{4} = \square = \square$

② 합계를 구하고 대분수로 바꿔주세요.

$\frac{1}{2} + \frac{1}{2} + \frac{1}{2} = \square = \square$ $\frac{1}{2} + \frac{1}{2} + \frac{1}{2} + \frac{1}{2} + \frac{1}{2} + \frac{1}{2} + \frac{1}{2} = \square = \square$

$\frac{1}{2} + \frac{1}{2} + \frac{1}{2} + \frac{1}{2} + \frac{1}{2} = \square = \square$ $\frac{1}{2} + \frac{1}{2} + \frac{1}{2} + \frac{1}{2} + \frac{1}{2} + \frac{1}{2} = \square = \square$

③ 분모가 5인 분수를 더해보세요. 답을 대분수로 바꿔주세요.

$\frac{2}{5} + \frac{7}{5} = \square = \square$ $\frac{3}{5} + \frac{3}{5} = \square = \square$ $\frac{10}{5} + \frac{5}{5} = \square = \square$

④ 분모가 10인 분수를 더해보세요. 답을 대분수로 바꿔주세요.

$\frac{7}{10} + \frac{6}{10} = \square = \square$ $\frac{8}{10} + \frac{4}{10} = \square = \square$

실력 키우기:

이 문제를 풀 수 있나요?
학교에서 동물원 견학을 가는 데 내가 쓸 수 있는 돈이 3,000원이에요. 선물 가게에서 공책, 연필, 지우개를 각각 1,500원, 600원, 400원에 사려고 해요. 선물 가게에서 쓸 돈이 전체의 얼마가 될지 분수로 나타내보세요.

5) 각 분수에 $\frac{3}{5}$을 더하세요. 대분수로 답하세요.

$\frac{2}{5}$ ☐ $\frac{3}{5}$ ☐ $\frac{5}{5}$ ☐ $\frac{9}{5}$ ☐

6) 각 분수에 $\frac{7}{10}$을 더하세요. 대분수로 답하세요.

$\frac{7}{10}$ ☐ $\frac{3}{10}$ ☐ $\frac{9}{10}$ ☐ $\frac{4}{10}$ ☐

7) $\frac{4}{5}$를 만들려면 $\frac{2}{5}$에 얼마를 더해야 하나요? ☐

8) $\frac{2}{3}, \frac{3}{3}, \frac{4}{3}$를 모두 더하면 얼마인가요? ☐

9) 한 반에 30명의 아이가 있어요.

그중 $\frac{3}{5}$이 남학생이에요. 여학생의 수를 분수로 나타내보세요. ☐

전체 학생의 $\frac{1}{4}$이 수영을 할 수 있어요.
수영을 하지 못하는 학생의 수를 분수로 나타내보세요. ☐

3월에 태어난 학생이 3명이에요.
전체 학생 중에 3월에 태어난 학생의 수를 분수로 나타내보세요. ☐

분수의 뺄셈 2

분수의 뺄셈을 해보세요.
하지만 이번에는 답을 약분할 수 있는지 살펴보세요.
약분은 분자와 분모를 공통되는 약수로 나눠
크기가 같은 분수를 만드는 것을 말해요.

① 답을 구해보세요. 답을 분모와 분자가 더 이상 나눠지지 않는 기약분수로 나타내세요.

$\frac{7}{3} - \frac{2}{3} = \square$ $\frac{12}{6} - \frac{9}{6} = \square$ $\frac{9}{10} - \frac{9}{10} = \square$

$\frac{9}{3} - \frac{6}{3} = \square$ $\frac{10}{6} - \frac{4}{6} = \square$ $\frac{18}{15} - \frac{12}{15} = \square$

$\frac{5}{6} - \frac{3}{6} = \square$ $\frac{10}{3} - \frac{3}{3} = \square$ $\frac{12}{10} - \frac{11}{10} = \square$

$\frac{9}{7} - \frac{2}{7} = \square$ $\frac{15}{6} - \frac{11}{6} = \square$ $\frac{20}{10} - \frac{18}{10} = \square$

$\frac{5}{6} - \frac{5}{6} = \square$ $\frac{12}{3} - \frac{10}{3} = \square$ $\frac{9}{10} - \frac{4}{10} = \square$

$\frac{7}{8} - \frac{4}{8} = \square$ $\frac{5}{12} - \frac{4}{12} = \square$ $\frac{17}{10} - \frac{12}{10} = \square$

$\frac{7}{9} - \frac{2}{9} = \square$ $\frac{7}{20} - \frac{3}{20} = \square$ $\frac{12}{10} - \frac{2}{10} = \square$

② 각 분수에서 $\frac{3}{5}$을 빼세요.

$\frac{8}{5}\ \square$ $\frac{12}{5}\ \square$ $\frac{22}{5}\ \square$ $\frac{31}{5}\ \square$

실력 키우기:
현경이는 10,000원을 갖고 있어요. 현경이는 바닷가에서 가족들에게 아이스크림을 사주느라 돈의 $\frac{2}{5}$를 쓰고 오렌지 주스 1통을 사는 데 $\frac{1}{5}$을 썼어요. 남은 돈이 전체의 얼마인지 분수로 나타내보세요. 남은 돈은 얼마인가요?

③ 각 분수보다 $\frac{7}{8}$ 작은 분수를 구해보세요.

$\frac{8}{8}$ ☐ $\frac{12}{8}$ ☐ $\frac{20}{8}$ ☐ $\frac{32}{8}$ ☐

④ 규칙대로 이어보세요.

$\frac{20}{3}$ $\frac{17}{3}$ $\frac{14}{3}$ $\frac{11}{3}$ ☐ ☐

$\frac{18}{20}$ $\frac{16}{20}$ $\frac{14}{20}$ $\frac{12}{20}$ ☐ ☐

⑤
$\frac{6}{5}$ 보다 $\frac{3}{5}$ 작은 분수는? ☐ $\frac{15}{10}$ 보다 $\frac{7}{10}$ 작은 분수는? ☐

$\frac{12}{6}$ 보다 $\frac{9}{6}$ 작은 분수는? ☐ $\frac{21}{2}$ 보다 $\frac{1}{2}$ 작은 분수는? ☐

⑥ 수영교실에서 학생의 $\frac{1}{10}$이 평영을, $\frac{6}{10}$이 자유형을, $\frac{2}{10}$가 접영을 할 수 있어요. 그리고 나머지 학생들은 수영을 못합니다. 수영을 못하는 학생은 전체의 얼마인가요?

☐

비교하고 나열하고 약분하기

분수의 크기를 비교하는 실력을 키워보세요.
크기를 비교할 때는 공통분모를 찾는 것이
문제를 해결하는 비법이에요.

1 가장 작은 분수부터 시작해 순서대로 나열하세요.

$\dfrac{1}{2}$ $\dfrac{2}{8}$ $\dfrac{3}{4}$ ☐ ☐ ☐ $\dfrac{4}{3}$ $\dfrac{9}{12}$ $\dfrac{3}{6}$ ☐ ☐ ☐

$\dfrac{3}{8}$ $\dfrac{5}{2}$ $\dfrac{2}{4}$ ☐ ☐ ☐ $\dfrac{4}{5}$ $\dfrac{9}{10}$ $\dfrac{7}{10}$ ☐ ☐ ☐

2 각 분수를 약분해 자연수로 만들어보세요.

$\dfrac{12}{6}$ ☐ $\dfrac{9}{3}$ ☐ $\dfrac{16}{2}$ ☐ $\dfrac{20}{10}$ ☐

$\dfrac{16}{4}$ ☐ $\dfrac{12}{3}$ ☐ $\dfrac{14}{7}$ ☐ $\dfrac{24}{6}$ ☐

$\dfrac{8}{2}$ ☐ $\dfrac{24}{2}$ ☐ $\dfrac{12}{2}$ ☐ $\dfrac{50}{2}$ ☐

$\dfrac{72}{4}$ ☐ $\dfrac{60}{5}$ ☐ $\dfrac{80}{4}$ ☐ $\dfrac{100}{5}$ ☐

$\dfrac{24}{3}$ ☐ $\dfrac{30}{6}$ ☐ $\dfrac{42}{7}$ ☐ $\dfrac{200}{10}$ ☐

실력 키우기:

분수를 가장 작은 것부터 시작해 순서대로 나열하세요: $\frac{2}{3}$ $\frac{1}{4}$ $\frac{7}{30}$ $\frac{5}{6}$ $\frac{8}{15}$ $\frac{17}{60}$

대분수를 가장 큰 것부터 시작해 순서대로 나열하세요: $1\frac{3}{5}$ $2\frac{1}{12}$ $3\frac{1}{3}$ $1\frac{5}{8}$ $1\frac{1}{3}$

③ 각 쌍에서 더 큰 분수에 동그라미하세요.

$\frac{12}{4}$ $\frac{4}{2}$ $\frac{18}{6}$ $\frac{12}{3}$ $\frac{30}{10}$ $\frac{50}{5}$ $\frac{48}{12}$ $\frac{20}{4}$

④ 각 그룹에서 가장 작은 분수에 동그라미하세요.

$\frac{5}{2}$ $\frac{8}{12}$ $\frac{2}{6}$ $\frac{9}{4}$ $\frac{12}{8}$ $\frac{5}{2}$ $\frac{3}{5}$ $\frac{12}{10}$ $\frac{1}{20}$ $\frac{7}{8}$ $\frac{2}{4}$ $\frac{3}{8}$

⑤ 각 분수를 대분수로 바꾸세요.

$\frac{3}{2}$ □$\frac{□}{□}$ $\frac{13}{4}$ □$\frac{□}{□}$ $\frac{8}{5}$ □$\frac{□}{□}$

$\frac{7}{2}$ □$\frac{□}{□}$ $\frac{15}{2}$ □$\frac{□}{□}$ $\frac{27}{4}$ □$\frac{□}{□}$

$\frac{19}{3}$ □$\frac{□}{□}$ $\frac{38}{5}$ □$\frac{□}{□}$ $\frac{51}{7}$ □$\frac{□}{□}$

대분수와 가분수

지금껏 머리가 더 큰 분수(가분수)는 많이 연습했어요. 이 페이지에는 가분수와 대분수를 서로 바꾸는 문제들이 나와요.

1 대분수를 가분수로 바꿔보세요.

$3\frac{1}{2}$ = □/□ $5\frac{1}{3}$ = □/□ $7\frac{7}{10}$ = □/□ $7\frac{2}{5}$ = □/□

$3\frac{1}{10}$ = □/□ $5\frac{1}{2}$ = □/□ $8\frac{7}{8}$ = □/□ $6\frac{2}{5}$ = □/□

$8\frac{7}{10}$ = □/□ $4\frac{5}{6}$ = □/□ $3\frac{9}{10}$ = □/□ $3\frac{3}{8}$ = □/□

$1\frac{1}{10}$ = □/□ $4\frac{4}{5}$ = □/□ $2\frac{7}{9}$ = □/□ $10\frac{5}{6}$ = □/□

$10\frac{3}{4}$ = □/□ $5\frac{1}{8}$ = □/□ $6\frac{3}{5}$ = □/□ $12\frac{1}{2}$ = □/□

$11\frac{4}{7}$ = □/□ $5\frac{3}{4}$ = □/□ $2\frac{3}{5}$ = □/□ $6\frac{5}{8}$ = □/□

실력 키우기:
직접 가분수를 만든 뒤 가분수를 대분수로 바꿔보세요. 그러고 나서 대분수를 만든 다음 대분수를 가분수로 바꿔보세요.

2 가분수를 대분수로 바꿔보세요.

$\dfrac{14}{3}$ ☐ $\dfrac{\Box}{\Box}$ $\dfrac{27}{2}$ ☐ $\dfrac{\Box}{\Box}$ $\dfrac{16}{5}$ ☐ $\dfrac{\Box}{\Box}$

$\dfrac{26}{10}$ ☐ $\dfrac{\Box}{\Box}$ $\dfrac{19}{4}$ ☐ $\dfrac{\Box}{\Box}$ $\dfrac{12}{10}$ ☐ $\dfrac{\Box}{\Box}$

$\dfrac{13}{3}$ ☐ $\dfrac{\Box}{\Box}$ $\dfrac{32}{10}$ ☐ $\dfrac{\Box}{\Box}$ $\dfrac{15}{9}$ ☐ $\dfrac{\Box}{\Box}$

$\dfrac{13}{12}$ ☐ $\dfrac{\Box}{\Box}$ $\dfrac{42}{10}$ ☐ $\dfrac{\Box}{\Box}$ $\dfrac{81}{2}$ ☐ $\dfrac{\Box}{\Box}$

$\dfrac{29}{4}$ ☐ $\dfrac{\Box}{\Box}$ $\dfrac{62}{5}$ ☐ $\dfrac{\Box}{\Box}$ $\dfrac{67}{11}$ ☐ $\dfrac{\Box}{\Box}$

$\dfrac{39}{12}$ ☐ $\dfrac{\Box}{\Box}$ $\dfrac{30}{7}$ ☐ $\dfrac{\Box}{\Box}$ $\dfrac{50}{20}$ ☐ $\dfrac{\Box}{\Box}$

더하고 빼고 약분하기

지금까지 배운 것을 모두 응용해서 문제를 풀어봅시다!
이제 곧 분수에 관해서는 전문가가 될 수 있을 거예요.
정확하게 푸는 데 주의를 기울이세요.

1 대분수로 답하세요.

$$\frac{2}{3} + \frac{2}{3} = \square\frac{\square}{\square} \qquad \frac{3}{4} + \frac{2}{4} = \square\frac{\square}{\square} \qquad \frac{4}{5} + \frac{4}{5} = \square\frac{\square}{\square}$$

$$\frac{6}{7} + \frac{4}{7} = \square\frac{\square}{\square} \qquad \frac{5}{6} + \frac{4}{6} = \square\frac{\square}{\square} \qquad \frac{7}{8} + \frac{3}{8} = \square\frac{\square}{\square}$$

$$\frac{9}{10} + \frac{3}{10} = \square\frac{\square}{\square} \qquad \frac{7}{10} + \frac{6}{10} = \square\frac{\square}{\square} \qquad \frac{9}{15} + \frac{16}{15} = \square\frac{\square}{\square}$$

2 분수의 뺄셈을 하고 답을 약분하세요.

$$\frac{9}{10} - \frac{4}{10} = \frac{\square}{\square} = \frac{\square}{\square} \qquad \frac{7}{15} - \frac{4}{15} = \frac{\square}{\square} = \frac{\square}{\square} \qquad \frac{20}{25} - \frac{5}{25} = \frac{\square}{\square} = \frac{\square}{\square}$$

$$\frac{17}{30} - \frac{9}{30} = \frac{\square}{\square} = \frac{\square}{\square} \qquad \frac{11}{20} - \frac{6}{20} = \frac{\square}{\square} = \frac{\square}{\square} \qquad \frac{8}{15} - \frac{3}{15} = \frac{\square}{\square} = \frac{\square}{\square}$$

실력 키우기:

아래 문제를 풀고 답을 약분하세요.

$\dfrac{17}{60} + \dfrac{13}{60}$ $\dfrac{5}{16} + \dfrac{7}{16}$ $\dfrac{3}{20} + \dfrac{9}{20}$

$\dfrac{20}{30} - \dfrac{15}{30}$ $\dfrac{17}{25} - \dfrac{12}{25}$ $\dfrac{25}{56} - \dfrac{17}{56}$

③ 대분수로 답하세요.

$2\dfrac{3}{5} + 4\dfrac{1}{5} =$ $3\dfrac{1}{4} + 4\dfrac{1}{4} =$

$3\dfrac{3}{10} + 4\dfrac{1}{10} =$ $8\dfrac{2}{5} + 3\dfrac{4}{5} =$

$6\dfrac{1}{4} + 2\dfrac{1}{4} + 4\dfrac{1}{4} =$ $12\dfrac{1}{2} + 3\dfrac{1}{2} + 4\dfrac{1}{2} =$

④ 대분수로 답하세요.

$6 - 3\dfrac{3}{4} =$ $2\dfrac{2}{3} - 1 =$ $7 - 1\dfrac{4}{5} =$

$4 - 1\dfrac{1}{3} =$ $5\dfrac{1}{2} - 3 =$ $6 - 1\dfrac{2}{10} =$

$7 - 1\dfrac{1}{6} =$ $3\dfrac{1}{2} - 2 =$ $8 - 6\dfrac{1}{4} =$

시간 안에 끝내기 2

이제 분수 실력이 얼마나 늘었는지 테스트해보세요.
빨리 풀되 정확하게 푸는 것이 중요해요.
10분 안에 몇 문제를 풀 수 있나요?

대분수를 가분수로 바꿔보세요.

① $3\frac{1}{2}$ ② $7\frac{1}{3}$ ③ $2\frac{9}{10}$

④ $4\frac{4}{7}$ ⑤ $8\frac{2}{3}$ ⑥ $4\frac{3}{12}$

⑦ $4\frac{1}{5}$ ⑧ $8\frac{2}{5}$ ⑨ $10\frac{3}{5}$

⑩ $6\frac{4}{7}$ ⑪ $6\frac{6}{9}$ ⑫ $10\frac{1}{5}$

⑬ $4\frac{5}{9}$ ⑭ $9\frac{7}{9}$ ⑮ $20\frac{5}{6}$

가분수를 대분수로 바꿔보세요.

⑯ $\frac{43}{12}$ ⑰ $\frac{18}{5}$ ⑱ $\frac{21}{2}$

⑲ $\frac{33}{10}$ ⑳ $\frac{14}{3}$ ㉑ $\frac{50}{8}$

㉒ $\frac{43}{6}$ ㉓ $\frac{73}{12}$ ㉔ $\frac{55}{9}$

분수를 약분하세요.

㉕ $\frac{4}{8}$ ㉖ $\frac{12}{18}$ ㉗ $\frac{30}{40}$

㉘ $\frac{16}{20}$ ㉙ $\frac{18}{20}$ ㉚ $\frac{15}{25}$

실력 키우기:

분수를 가장 작은 것부터 순서대로 나열하세요.
가분수를 모두 대분수로 바꿔보세요.

$$\frac{6}{12} \quad \frac{33}{10} \quad \frac{8}{3} \quad \frac{2}{5} \quad \frac{1}{4} \quad \frac{6}{10} \quad \frac{2}{3} \quad \frac{9}{12} \quad \frac{75}{20} \quad \frac{10}{3}$$

가분수를 자연수로 바꿔보세요.

(31) $\frac{36}{3}$ ☐   (32) $\frac{45}{9}$ ☐   (33) $\frac{88}{11}$ ☐

(34) $\frac{63}{9}$ ☐   (35) $\frac{28}{7}$ ☐   (36) $\frac{72}{12}$ ☐

(37) $\frac{108}{12}$ ☐   (38) $\frac{200}{5}$ ☐   (39) $\frac{1000}{10}$ ☐

분수의 덧셈을 해보세요. 답을 약분하거나, 대분수나 자연수로 바꿔보세요.

(40) $\frac{1}{2} + \frac{2}{2} + \frac{3}{2} = $ ☐ = ☐   (41) $\frac{1}{3} + \frac{2}{3} + \frac{3}{3} = $ ☐ = ☐

(42) $\frac{1}{5} + \frac{2}{5} + \frac{3}{5} = $ ☐ = ☐   (43) $\frac{1}{10} + \frac{2}{10} + \frac{3}{10} = $ ☐ = ☐

(44) $2\frac{2}{5} + 3\frac{2}{5} + 4\frac{2}{5} = $ ☐ = ☐   (45) $2\frac{1}{2} + 3\frac{1}{2} + 4\frac{1}{2} = $ ☐ = ☐

각 쌍에서 더 작은 분수에 동그라미하세요.

(46) $1\frac{1}{4}$ $\frac{3}{4}$ (47) $1\frac{7}{8}$ $\frac{14}{8}$ (48) $3\frac{2}{3}$ $\frac{10}{3}$

(49) $2\frac{5}{9}$ $\frac{24}{9}$ (50) $7\frac{3}{4}$ $\frac{19}{4}$ (51) $10\frac{7}{10}$ $\frac{90}{10}$

(52) $10\frac{1}{12}$ $\frac{120}{12}$ (53) $1\frac{2}{9}$ $\frac{12}{9}$ (54) $\frac{20}{6}$ $3\frac{5}{6}$

분수의 곱셈 1

문제를 풀기 전에 구구단을
정말 제대로 알고 있는지 확인하세요.

① 각 분수를 4로 곱해보세요.

$\frac{1}{2}$ ☐ $\frac{1}{4}$ ☐ $\frac{1}{5}$ ☐ $\frac{1}{10}$ ☐

② 각 분수를 7로 곱해보세요.

$\frac{1}{2}$ ☐ $\frac{1}{3}$ ☐ $\frac{1}{10}$ ☐ $\frac{1}{4}$ ☐

③ 각 분수를 10으로 곱해보세요.

$\frac{1}{2}$ ☐ $\frac{1}{5}$ ☐ $\frac{1}{4}$ ☐ $\frac{1}{6}$ ☐

④ 각 분수를 6으로 곱해보세요.

$\frac{1}{6}$ ☐ $\frac{1}{4}$ ☐ $\frac{1}{10}$ ☐ $\frac{1}{12}$ ☐

⑤ 각 수를 $\frac{1}{2}$로 곱해보세요.

6 ☐   12 ☐   1 ☐   20 ☐

⑥ 각 수를 $\frac{1}{4}$로 곱해보세요.

12 ☐   24 ☐   40 ☐   100 ☐

실력 키우기:

형준이는 자신의 생일 파티에 12명의 친구를 초대하여 친구들에게 피자를 대접했어요. 그중 7명의 친구가 피자의 절반을 먹었고, 나머지 친구가 피자의 $\frac{1}{4}$을 먹었어요. 친구들은 모두 합해서 피자의 얼마를 먹은 걸까요?

⑦ 각 수를 $\frac{1}{5}$로 곱하고 답을 가분수로 쓴 다음 대분수로 바꿔주세요.

6 ☐ = ☐   18 ☐ = ☐   24 ☐ = ☐

⑧ 각 수를 $\frac{1}{10}$로 곱하고 답을 가분수로 쓴 다음 대분수로 바꿔주세요.

15 ☐ = ☐   24 ☐ = ☐   45 ☐ = ☐

⑨ 각 분수를 7로 곱하고 답을 가분수로 쓴 다음 대분수로 바꿔주세요.

$\frac{1}{3}$ ☐ = ☐ $\frac{1}{4}$ ☐ = ☐ $\frac{1}{5}$ ☐ = ☐

⑩ 지수 엄마가 학교 소풍에 보낼 레모네이드를 샀어요. 10명의 아이가 한 명당 각 병의 $\frac{1}{4}$씩 마실 거예요. 아이들이 마실 레모네이드는 모두 몇 병일까요? 대분수로 답하세요.

☐

분수의 곱셈 2

살짝 다루기 어려운 곱셈 문제예요.
행운을 빌어요!

① 각 분수를 8로 곱하고 답을 가분수로 쓴 다음 대분수로 바꿔주세요.

$\frac{1}{3}$ ☐ = ☐ $\frac{3}{7}$ ☐ = ☐ $\frac{4}{5}$ ☐ = ☐

② 각 분수를 4로 곱하고 답을 가분수로 쓴 다음 대분수로 바꿔주세요.

$\frac{2}{5}$ ☐ = ☐ $\frac{2}{3}$ ☐ = ☐ $\frac{3}{5}$ ☐ = ☐

③ 각 분수를 6으로 곱하고 답을 가분수로 쓴 다음 대분수로 바꿔주세요.

$\frac{3}{4}$ ☐ = ☐ $\frac{4}{5}$ ☐ = ☐ $\frac{2}{7}$ ☐ = ☐

④ 각 분수를 12로 곱하고 답을 가분수로 쓴 다음 대분수로 바꿔주세요.

$\frac{3}{7}$ ☐ = ☐ $\frac{2}{5}$ ☐ = ☐ $\frac{6}{10}$ ☐ = ☐

⑤ 각 분수를 10으로 곱하고 답을 가분수로 쓴 다음 대분수로 바꿔주세요.

$\frac{7}{12}$ ☐ = ☐ $\frac{4}{3}$ ☐ = ☐ $\frac{5}{6}$ ☐ = ☐

실력 키우기:
지연이는 매일 등하굣길에 버스를 이용합니다. 버스를 한 번 이용하는 데 드는 요금은 일주일 용돈의 $\frac{1}{20}$입니다. 지연이가 일주일 동안 쓰는 버스 요금은 일주일 용돈의 얼마인가요?

⑥ 각 수를 $\frac{1}{4}$로 곱한 다음 답을 약분하세요.

24 ☐ = ☐   40 ☐ = ☐   32 ☐ = ☐

⑦ 각 수를 $\frac{3}{5}$으로 곱하고 답을 가분수로 쓴 다음 대분수로 바꿔주세요.

12 ☐ = ☐   16 ☐ = ☐   21 ☐ = ☐

⑧ 각 수를 $\frac{3}{4}$으로 곱하고 답을 가분수로 쓴 다음 대분수로 바꿔주세요.

15 ☐ = ☐   21 ☐ = ☐   26 ☐ = ☐

⑨ 각 분수를 9로 곱하고 답을 가분수로 쓴 다음 대분수로 바꿔주세요.

$\frac{2}{7}$ ☐ = ☐ $\frac{3}{4}$ ☐ = ☐ $\frac{4}{5}$ ☐ = ☐

⑩ 각 분수를 11로 곱하고 답을 가분수로 쓴 다음 대분수로 바꿔주세요.

$\frac{3}{4}$ ☐ = ☐ $\frac{5}{7}$ ☐ = ☐ $\frac{3}{8}$ ☐ = ☐

46

곱하고 약분하기

곱하기 전에 약분이 되는 분수를 찾으세요.
계산이 한결 쉬워질 거예요.

1) 분수의 곱셈을 해보세요.

$\frac{1}{2} \times \frac{1}{3} =$ ☐ $\frac{1}{2} \times \frac{1}{4} =$ ☐ $\frac{1}{5} \times \frac{1}{2} =$ ☐

$\frac{1}{10} \times \frac{1}{2} =$ ☐ $\frac{1}{5} \times \frac{2}{3} =$ ☐ $\frac{3}{4} \times \frac{1}{2} =$ ☐

2) 분수를 곱하고 답을 약분하세요.

$\frac{6}{10} \times \frac{2}{3} =$ ☐ $\frac{3}{5} \times \frac{5}{8} =$ ☐ $\frac{3}{4} \times \frac{5}{6} =$ ☐

$\frac{1}{4} \times \frac{2}{3} =$ ☐ $\frac{1}{4} \times \frac{4}{7} =$ ☐ $\frac{3}{10} \times \frac{5}{7} =$ ☐

$\frac{1}{3} \times \frac{3}{5} =$ ☐ $\frac{3}{8} \times \frac{2}{3} =$ ☐ $\frac{1}{10} \times \frac{2}{3} =$ ☐

실력 키우기:

답을 기약분수로 나타내세요.

$\dfrac{2}{3} \times \dfrac{3}{10}$ $\dfrac{1}{5} \times \dfrac{3}{4}$ $\dfrac{1}{7} \times \dfrac{7}{8}$

$\dfrac{3}{8} \times \dfrac{1}{4} \times \dfrac{1}{6}$ $\dfrac{1}{6} \times \dfrac{1}{8} \times \dfrac{3}{8}$ $\dfrac{2}{5} \times \dfrac{1}{3} \times \dfrac{5}{12}$

③ 분수를 곱하고 답을 약분하세요.

$\dfrac{1}{10} \times \dfrac{1}{5} = \square$ $\dfrac{2}{5} \times \dfrac{2}{10} = \square$ $\dfrac{1}{12} \times \dfrac{2}{3} = \square$

$\dfrac{2}{12} \times \dfrac{3}{4} = \square$ $\dfrac{3}{12} \times \dfrac{3}{4} = \square$ $\dfrac{5}{12} \times \dfrac{2}{3} = \square$

$\dfrac{6}{12} \times \dfrac{5}{10} = \square$ $\dfrac{3}{4} \times \dfrac{6}{8} = \square$ $\dfrac{1}{2} \times \dfrac{1}{3} \times \dfrac{1}{4} = \square$

$\dfrac{1}{3} \times \dfrac{1}{5} \times \dfrac{1}{10} = \square$ $\dfrac{1}{4} \times \dfrac{1}{2} \times \dfrac{3}{4} = \square$ $\dfrac{1}{3} \times \dfrac{2}{3} \times \dfrac{1}{4} = \square$

$\dfrac{1}{5} \times \dfrac{1}{3} \times \dfrac{1}{10} = \square$ $\dfrac{1}{5} \times \dfrac{2}{3} \times \dfrac{1}{10} = \square$ $\dfrac{1}{5} \times \dfrac{2}{5} \times \dfrac{3}{5} = \square$

$\dfrac{1}{4} \times \dfrac{2}{4} \times \dfrac{3}{4} = \square$ $\dfrac{7}{12} \times \dfrac{1}{2} \times \dfrac{8}{10} = \square$ $\dfrac{3}{4} \times \dfrac{4}{5} \times \dfrac{5}{6} = \square$

분수의 나눗셈

분수의 나눗셈을 공부해봅시다.
답은 반드시 기약분수로 나타내야 해요.

1 분수를 자연수로 나눠보세요. 답을 약분하세요.

$\frac{1}{3} \div 2 =$ ☐ $\frac{1}{4} \div 3 =$ ☐ $\frac{1}{5} \div 2 =$ ☐

$\frac{1}{10} \div 4 =$ ☐ $\frac{2}{3} \div 2 =$ ☐ $\frac{3}{4} \div 2 =$ ☐

$\frac{3}{5} \div 3 =$ ☐ $\frac{1}{10} \div 3 =$ ☐ $\frac{1}{2} \div 10 =$ ☐

$\frac{1}{3} \div 8 =$ ☐ $\frac{1}{10} \div 7 =$ ☐ $\frac{2}{3} \div 4 =$ ☐

$\frac{4}{5} \div 3 =$ ☐ $\frac{3}{4} \div 6 =$ ☐ $\frac{5}{8} \div 10 =$ ☐

$\frac{4}{5} \div 4 =$ ☐ $\frac{2}{3} \div 12 =$ ☐ $\frac{5}{6} \div 10 =$ ☐

실력 키우기:
틀린 답을 찾아보세요.

$\frac{2}{3} \div 6 = \frac{1}{9}$ $\frac{1}{2} \div 8 = \frac{1}{12}$

$\frac{4}{5} \div 2 = \frac{2}{5}$ $\frac{8}{9} \div 4 = \frac{2}{9}$

2 답을 기약분수로 나타내세요.

$\frac{4}{9} \div 8 =$ $\frac{7}{8} \div 7 =$ $\frac{8}{9} \div 4 =$

$\frac{5}{7} \div 5 =$ $\frac{4}{10} \div 4 =$ $\frac{5}{9} \div 10 =$

$\frac{6}{7} \div 12 =$ $\frac{4}{5} \div 12 =$ $\frac{8}{12} \div 8 =$

$\frac{3}{7} \div 12 =$ $\frac{6}{10} \div 4 =$ $\frac{6}{7} \div 10 =$

3 지형이는 10,000원을 가지고 있어요. 놀이공원에서 아이 4명에게 돈의 $\frac{4}{5}$를 나눠주었어요. 아이들은 각각 얼마씩 쓸 수 있나요?

50

분수의 곱셈과 나눗셈

이 페이지를 풀고 나면
분수의 곱셈과 나눗셈의
전문가가 될 거예요!

① 각 분수를 8로 곱해보세요. 답을 가분수로 쓴 다음 대분수로 바꿔주세요.

$\frac{4}{7}$ ☐ = ☐ $\frac{8}{9}$ ☐ = ☐ $\frac{4}{11}$ ☐ = ☐

② 각 분수를 15로 곱해보세요. 답을 가분수로 쓴 다음 대분수나 자연수로 바꿔주세요.

$\frac{1}{4}$ ☐ = ☐ $\frac{2}{10}$ ☐ = ☐ $\frac{4}{5}$ ☐ = ☐

③ 각 분수를 20으로 곱해보세요. 답을 가분수로 쓴 다음 대분수로 바꿔주세요.

$\frac{5}{6}$ ☐ = ☐ $\frac{8}{12}$ ☐ = ☐ $\frac{6}{7}$ ☐ = ☐

④ 각 대분수를 4로 곱해보세요. 답을 기약분수로 나타내세요.

$4\frac{1}{8}$ ☐ $2\frac{1}{4}$ ☐ $3\frac{3}{4}$ ☐ $1\frac{1}{2}$ ☐

⑤ 각 대분수를 10으로 곱해보세요. 답을 기약분수로 나타내세요.

$4\frac{1}{2}$ ☐ $5\frac{2}{5}$ ☐ $7\frac{1}{4}$ ☐ $10\frac{1}{10}$ ☐

실력 키우기:
레몬케이크를 굽기로 하고 밀가루 240그램과 버터 120그램이 들어가는 8인분 조리법을 찾았어요. 케이크를 6인분으로 만들려고 해요. 6인분 레몬케이크를 만들려면 밀가루와 버터가 몇 그램씩 필요한가요?

6 각 자연수를 3으로 나누고 대분수로 답하세요.

10 ☐   14 ☐   20 ☐   28 ☐

7 각 자연수를 5로 나누고 대분수로 답하세요.

18 ☐   27 ☐   43 ☐   61 ☐

8 각 자연수를 7로 나누고 대분수로 답하세요.

9 ☐   18 ☐   45 ☐   67 ☐

9 각 자연수를 8로 나누고 대분수로 답하세요.

23 ☐   41 ☐   9 ☐   45 ☐

10 각 자연수를 10으로 나누고 대분수로 답하세요.

15 ☐   23 ☐   56 ☐   77 ☐

통분

구구단 실력을 활용해
둘 이상의 분수나 분수식에서
공통분모를 찾아보세요.

1 분모가 같아지도록 각 쌍의 분수를 다시 써보세요.

$\dfrac{1}{2}$ $\dfrac{1}{3}$ $\dfrac{\Box}{\Box}$ $\dfrac{\Box}{\Box}$ $\dfrac{1}{4}$ $\dfrac{1}{7}$ $\dfrac{\Box}{\Box}$ $\dfrac{\Box}{\Box}$ $\dfrac{1}{4}$ $\dfrac{1}{2}$ $\dfrac{\Box}{\Box}$ $\dfrac{\Box}{\Box}$

$\dfrac{1}{4}$ $\dfrac{1}{5}$ $\dfrac{\Box}{\Box}$ $\dfrac{\Box}{\Box}$ $\dfrac{1}{6}$ $\dfrac{1}{12}$ $\dfrac{\Box}{\Box}$ $\dfrac{\Box}{\Box}$ $\dfrac{1}{8}$ $\dfrac{1}{9}$ $\dfrac{\Box}{\Box}$ $\dfrac{\Box}{\Box}$

$\dfrac{1}{5}$ $\dfrac{1}{10}$ $\dfrac{\Box}{\Box}$ $\dfrac{\Box}{\Box}$ $\dfrac{1}{4}$ $\dfrac{1}{12}$ $\dfrac{\Box}{\Box}$ $\dfrac{\Box}{\Box}$ $\dfrac{2}{3}$ $\dfrac{1}{2}$ $\dfrac{\Box}{\Box}$ $\dfrac{\Box}{\Box}$

$\dfrac{3}{4}$ $\dfrac{1}{2}$ $\dfrac{\Box}{\Box}$ $\dfrac{\Box}{\Box}$ $\dfrac{2}{5}$ $\dfrac{1}{3}$ $\dfrac{\Box}{\Box}$ $\dfrac{\Box}{\Box}$ $\dfrac{3}{4}$ $\dfrac{1}{5}$ $\dfrac{\Box}{\Box}$ $\dfrac{\Box}{\Box}$

$\dfrac{2}{3}$ $\dfrac{1}{10}$ $\dfrac{\Box}{\Box}$ $\dfrac{\Box}{\Box}$ $\dfrac{3}{4}$ $\dfrac{1}{10}$ $\dfrac{\Box}{\Box}$ $\dfrac{\Box}{\Box}$ $\dfrac{1}{5}$ $\dfrac{3}{10}$ $\dfrac{\Box}{\Box}$ $\dfrac{\Box}{\Box}$

$\dfrac{1}{2}$ $\dfrac{3}{5}$ $\dfrac{\Box}{\Box}$ $\dfrac{\Box}{\Box}$ $\dfrac{1}{10}$ $\dfrac{1}{100}$ $\dfrac{\Box}{\Box}$ $\dfrac{\Box}{\Box}$ $\dfrac{1}{10}$ $\dfrac{1}{1000}$ $\dfrac{\Box}{\Box}$ $\dfrac{\Box}{\Box}$

실력 키우기:

연우와 미순이가 나눠 먹으려고 사탕 한 봉지를 샀어요.
연우가 $\frac{1}{4}$을 먹고 미순이가 $\frac{3}{8}$을 먹었어요.
둘이서 먹은 사탕은 전체의 얼마인가요?
나중에 둘은 남은 사탕의 $\frac{1}{3}$을 함께 먹었어요.
이제, 둘이 먹은 사탕은 전체의 얼마인가요?

2 분모가 같아지도록 각 그룹의 분수를 다시 써보세요.

$\frac{1}{2}$ $\frac{1}{5}$ $\frac{1}{3}$ ⬜ ⬜ ⬜ $\frac{1}{5}$ $\frac{1}{10}$ $\frac{1}{2}$ ⬜ ⬜ ⬜

$\frac{1}{2}$ $\frac{2}{3}$ $\frac{1}{4}$ ⬜ ⬜ ⬜ $\frac{1}{2}$ $\frac{3}{4}$ $\frac{1}{5}$ ⬜ ⬜ ⬜

$\frac{2}{3}$ $\frac{3}{4}$ $\frac{1}{2}$ ⬜ ⬜ ⬜ $\frac{3}{4}$ $\frac{3}{5}$ $\frac{1}{10}$ ⬜ ⬜ ⬜

$\frac{2}{5}$ $\frac{3}{10}$ $\frac{3}{5}$ ⬜ ⬜ ⬜ $\frac{1}{4}$ $\frac{3}{4}$ $\frac{7}{8}$ ⬜ ⬜ ⬜

$\frac{1}{2}$ $\frac{1}{10}$ $\frac{3}{5}$ ⬜ ⬜ ⬜ $\frac{3}{4}$ $\frac{1}{2}$ $\frac{7}{10}$ ⬜ ⬜ ⬜

$\frac{2}{5}$ $\frac{1}{10}$ $\frac{1}{100}$ ⬜ ⬜ ⬜ $\frac{1}{5}$ $\frac{1}{100}$ $\frac{5}{10}$ ⬜ ⬜ ⬜

분수의 비교

서로 크기가 다른 분수를 비교할 때
일단 공통분모를 찾기만 하면 쉽게 풀 수 있어요.

1) 둘 중 더 큰 분수에 동그라미하세요.

| $\dfrac{1}{3}$ $\dfrac{3}{5}$ | $\dfrac{2}{3}$ $\dfrac{3}{4}$ | $\dfrac{7}{10}$ $\dfrac{4}{6}$ |

| $\dfrac{7}{12}$ $\dfrac{3}{4}$ | $\dfrac{5}{6}$ $\dfrac{3}{4}$ | $\dfrac{3}{8}$ $\dfrac{1}{4}$ |

| $\dfrac{6}{10}$ $\dfrac{4}{5}$ | $\dfrac{1}{2}$ $\dfrac{5}{12}$ | $\dfrac{3}{7}$ $\dfrac{4}{10}$ |

| $\dfrac{4}{5}$ $\dfrac{3}{4}$ | $\dfrac{5}{12}$ $\dfrac{3}{7}$ | $\dfrac{9}{10}$ $\dfrac{11}{12}$ |

| $\dfrac{3}{10}$ $\dfrac{35}{100}$ | $\dfrac{7}{8}$ $\dfrac{9}{10}$ | $\dfrac{5}{7}$ $\dfrac{4}{5}$ |

| $\dfrac{80}{10}$ $\dfrac{3}{4}$ | $1\dfrac{1}{2}$ $\dfrac{10}{8}$ | $\dfrac{4}{6}$ $\dfrac{8}{9}$ |

| $\dfrac{14}{5}$ $2\dfrac{1}{4}$ | $\dfrac{10}{3}$ $3\dfrac{1}{4}$ | $1\dfrac{1}{3}$ $\dfrac{5}{4}$ |

실력 키우기:

필요하다면 더 작은 분수가 앞에 오도록
분수들을 다시 나열하세요: $\frac{16}{20}$ $\frac{6}{10}$

필요하다면 더 큰 분수가 앞에 오도록
분수들을 다시 나열하세요: $\frac{13}{48}$ $\frac{4}{16}$

2) 둘 중 더 작은 분수에 동그라미하세요.

$\frac{1}{2}$ $\frac{2}{5}$	$\frac{4}{5}$ $\frac{6}{10}$	$\frac{6}{10}$ $\frac{1}{5}$
$\frac{3}{4}$ $\frac{5}{8}$	$\frac{1}{6}$ $\frac{3}{12}$	$\frac{3}{6}$ $\frac{7}{12}$
$\frac{5}{8}$ $\frac{1}{2}$	$\frac{3}{10}$ $\frac{2}{5}$	$1\frac{1}{3}$ $\frac{6}{5}$
$\frac{5}{12}$ $\frac{3}{6}$	$1\frac{4}{10}$ $\frac{9}{5}$	$\frac{12}{4}$ $\frac{30}{8}$
$\frac{80}{10}$ $\frac{75}{100}$	$3\frac{6}{7}$ $3\frac{3}{5}$	$1\frac{9}{10}$ $\frac{18}{12}$
$\frac{31}{4}$ $\frac{44}{8}$	$\frac{9}{10}$ $\frac{11}{12}$	$3\frac{1}{4}$ $\frac{18}{8}$
$\frac{45}{10}$ $4\frac{2}{5}$	$\frac{28}{3}$ $\frac{37}{4}$	$\frac{6}{9}$ $\frac{7}{6}$

더 많은 덧셈과 뺄셈

이제 대분수를 가분수로 쉽게 바꿀 수 있을 거예요.
그렇다면 아래 문제들을 풀어보세요.

1) 덧셈을 해보세요.

$\frac{1}{4} + \frac{1}{3} =$ ☐ $\frac{3}{4} + \frac{1}{5} =$ ☐ $\frac{2}{3} + \frac{1}{2} =$ ☐

$\frac{1}{4} + \frac{1}{2} =$ ☐ $2\frac{1}{2} + 1\frac{1}{4} =$ ☐ $3\frac{2}{5} + 1\frac{1}{3} =$ ☐

$1\frac{3}{5} + 1\frac{3}{4} =$ ☐ $4\frac{1}{2} + 2\frac{2}{5} =$ ☐ $4\frac{3}{8} + 2\frac{1}{4} =$ ☐

$3\frac{2}{5} + 1\frac{1}{10} =$ ☐ $3\frac{3}{5} + 2\frac{3}{5} =$ ☐ $1\frac{5}{8} + 2\frac{3}{4} =$ ☐

$\frac{1}{4} + \frac{1}{2} + \frac{3}{4} =$ ☐ $\frac{3}{4} + \frac{1}{2} + \frac{1}{8} =$ ☐ $\frac{7}{10} + \frac{4}{10} + \frac{3}{5} =$ ☐

$\frac{1}{6} + \frac{2}{3} + \frac{1}{2} =$ ☐ $2\frac{1}{2} + \frac{5}{6} + \frac{1}{3} =$ ☐ $\frac{1}{2} + \frac{1}{10} + \frac{1}{5} =$ ☐

실력 키우기:

크리스마스에 철수의 할머니는 철수에게 20,000원을 줬어요. 철수는 컴퓨터 게임을 하는 데 그 돈의 $\frac{1}{2}$을 쓰고 만화책을 보느라 $\frac{1}{5}$을 썼어요. 그리고 남은 돈은 저축했어요. 저축한 돈은 전체의 얼마인가요? 나중에 철수는 사탕을 사느라 저축한 돈의 $\frac{1}{6}$을 썼어요. 사탕은 얼마인가요?

2 뺄셈을 해보세요.

$\frac{3}{5} - \frac{1}{3} =$ □ $\frac{2}{3} - \frac{1}{4} =$ □ $\frac{3}{4} - \frac{1}{2} =$ □

$\frac{3}{4} - \frac{1}{5} =$ □ $\frac{3}{8} - \frac{1}{4} =$ □ $\frac{2}{3} - \frac{2}{5} =$ □

$\frac{9}{10} - \frac{3}{5} =$ □ $\frac{7}{8} - \frac{3}{4} =$ □ $\frac{5}{6} - \frac{2}{3} =$ □

$2\frac{4}{5} - \frac{1}{5} =$ □ $3\frac{1}{2} - 1\frac{3}{4} =$ □ $4\frac{1}{3} - 2\frac{1}{2} =$ □

$2\frac{1}{3} - \frac{4}{5} =$ □ $3\frac{1}{4} - 1\frac{5}{8} =$ □ $4\frac{7}{10} - 2\frac{4}{5} =$ □

$6\frac{1}{2} - 3\frac{3}{10} =$ □ $3\frac{5}{6} - 2\frac{1}{2} =$ □ $4\frac{7}{10} - 2\frac{1}{2} =$ □

분수와 소수

소수점 이하의 숫자가 무엇을 말하는지 알고 있나요? 예를 들어, 0.3이 $\frac{3}{10}$, 0.03이 $\frac{3}{100}$, 0.003이 $\frac{3}{1000}$과 같다는 것을 알아차렸나요?

1 소수를 분수로 바꿔보세요.

0.1 ⬜/⬜   0.3 ⬜/⬜   0.8 ⬜/⬜   0.6 ⬜/⬜

0.5 ⬜/⬜   0.7 ⬜/⬜   0.4 ⬜/⬜   0.125 ⬜/⬜

2 각 분수를 소수로 바꿔보세요.

$\frac{1}{2}$ ⬜ $\frac{1}{4}$ ⬜ $\frac{3}{4}$ ⬜

$\frac{2}{5}$ ⬜ $\frac{1}{10}$ ⬜ $\frac{3}{5}$ ⬜

$\frac{4}{5}$ ⬜ $\frac{9}{10}$ ⬜ $\frac{7}{10}$ ⬜

$\frac{1}{5}$ ⬜ $\frac{2}{10}$ ⬜ $\frac{3}{10}$ ⬜

$\frac{1}{8}$ ⬜ $\frac{3}{8}$ ⬜ $\frac{7}{8}$ ⬜

$\frac{5}{8}$ ⬜ $\frac{5}{4}$ ⬜ $\frac{3}{2}$ ⬜

> **실력 키우기:**
> 소수점이 들어간 숫자와 크기가 같은 분수를 각각 두 개씩 써보세요.
> 0.75   0.8   0.35   0.25

③ 각 수를 소수점 둘째 자리로 반올림하세요.

1.328   2.413   0.745   1.671

④ 각 수를 소수점 셋째 자리로 반올림하세요.

0.3787   2.4561   4.2054

1.8888   0.2765   0.7632

⑤ 각 분수를 소수로 바꾸고 그 답을 소수점 셋째 자리까지 구해보세요.
계산이 힘들면 계산기를 사용하세요.

$\frac{1}{8}$ $\frac{3}{8}$ $\frac{1}{12}$

$\frac{7}{8}$ $\frac{5}{8}$ $\frac{1}{3}$

$\frac{2}{3}$ $\frac{4}{7}$ $\frac{7}{12}$

$\frac{9}{16}$ $\frac{4}{12}$ $\frac{8}{15}$

분수와 백분율 1

1%가 $\frac{1}{100}$과 같다는 것을 알고 있으면 백분율을 분수로 나타내고, 반대로 분수를 백분율로 나타내는 데 어려움이 없을 거예요.

① 각 백분율을 분수로 바꾸고 약분하세요.

50% □/□   20% □/□   70% □/□   10% □/□

25% □/□   75% □/□   5% □/□   85% □/□

80% □/□   35% □/□   48% □/□   18% □/□

② 각 분수를 백분율로 바꾸세요.

$\frac{8}{50}$ □ $\frac{34}{50}$ □ $\frac{42}{50}$ □ $\frac{19}{100}$ □

$\frac{1}{4}$ □ $\frac{65}{100}$ □ $\frac{28}{50}$ □ $\frac{56}{100}$ □

$\frac{3}{4}$ □ $\frac{41}{100}$ □ $\frac{20}{50}$ □ $\frac{45}{50}$ □

실력 키우기:
기철이는 삼촌을 도와 가족농장에서 사과를 땄어요.
그중 10%는 멍이 들거나 너무 익어서 버려야 했고
15%는 친구들에게 나눠주었어요.
시장에 내다 팔 사과는 전체의 얼마인가요?

③ 각 수의 25%를 구해보세요.

400원 ☐   60cm ☐   4,000원 ☐   52g ☐

④ 각 수의 40%를 구해보세요

2,000원 ☐   80cm ☐   5,000원 ☐   10m ☐

⑤ 수연이는 차에 곁들일 파이를 구웠어요. 수연이가 $\frac{1}{4}$을 먹고 남편에게 $\frac{3}{10}$을 주고, 나머지는 3명의 아이에게 똑같이 나눠주었어요.
아이들이 먹은 파이는 각각 전체의 몇 퍼센트인가요?

☐

⑥ 60%와 같은 분수에 동그라미하세요.

$\frac{3}{5}$ $\frac{18}{20}$ $\frac{30}{50}$ $\frac{90}{150}$ $\frac{60}{90}$ $\frac{40}{70}$

⑦ 30%와 같은 분수 4개를 써보세요.

$\frac{☐}{☐}$ $\frac{☐}{☐}$ $\frac{☐}{☐}$ $\frac{☐}{☐}$

분수와 백분율 2

여기 또 다른 분수와 백분율 문제가 있어요.
분수와 백분율 사이의 관련성을 얼마나
잘 파악하는지 테스트하는 문제들이에요.

1 각 분수를 백분율로 바꾸세요.

$\frac{7}{10}$ ☐ $\frac{3}{5}$ ☐ $\frac{3}{4}$ ☐ $\frac{9}{10}$ ☐

2 각 수에 $\frac{7}{10}$ 을 더해주세요.

600km ☐   12 l ☐   18m ☐   4,000원 ☐

3 각 수의 30%는 얼마인가요?

2,500원 ☐   7km ☐   50km ☐   800원 ☐

4 각 수의 90%는 얼마인가요?

7mm ☐   14m ☐   6,000원 ☐   800원 ☐

5 각각 25%만큼 더해주세요.

1,800km ☐   13m ☐   26mm ☐   1,800원 ☐

실력 키우기:
이수지 선생님의 수학교실에 학생이 20명 있어요. 그중 55%는 사과를 좋아하고, 35%는 귤을 좋아해요. 나머지는 딸기를 좋아해요. 사과를 좋아하는 학생들은 분수로 전체의 얼마인가요? 귤을 좋아하는 학생들과 딸기를 좋아하는 학생들은 각각 분수로 전체의 얼마인가요?

6 각각 20%만큼 줄여보세요.

7,000km ☐   7,500원 ☐   6.5m ☐   2.8cm ☐

7 12.5%와 같은 분수에 모두 동그라미하세요.

$\frac{1}{8}$ $\frac{3}{16}$ $\frac{5}{12}$ $\frac{3}{24}$ $\frac{2}{4}$

8 60%보다 더 큰 분수에 모두 동그라미하세요.

$\frac{2}{5}$ $\frac{4}{5}$ $\frac{7}{10}$ $\frac{3}{4}$ $\frac{3}{10}$

9 350,000원인 텔레비전을 15% 할인해서 팔고 있어요. 텔레비전의 가격은 얼마인가요?

10 휘발유가 1리터에 1,300원이에요. 휘발유 가격이 10% 오른다면 얼마가 될까요?

시간 안에 끝내기 3

이제 분수 실력이 얼마나 늘었는지 테스트해보세요.
빨리 풀되 정확하게 푸는 것이 중요해요.
10분 안에 몇 문제를 풀 수 있나요?

각 백분율을 분수로 바꾸고 약분하세요.

1) 25%
2) 60%
3) 75%
4) 10%
5) 35%
6) 85%
7) 50%
8) 90%
9) 65%
10) 30%
11) 70%
12) 20%
13) 40%
14) 1%
15) 5%

최대한 빨리 풀어보세요.

16) $\frac{1}{2} + \frac{1}{4} =$
17) $\frac{7}{9} - \frac{6}{9} =$
18) $\frac{4}{5} \times \frac{1}{2} =$
19) $\frac{1}{3} + \frac{1}{3} =$
20) $\frac{7}{8} - \frac{2}{8} =$
21) $\frac{1}{3} \times \frac{2}{3} =$
22) $1 - \frac{2}{3} =$
23) $1 - \frac{3}{5} =$
24) $\frac{3}{7} \times \frac{2}{5} =$
25) $\frac{5}{12} + \frac{6}{12} =$
26) $2 - \frac{3}{2} =$
27) $2\frac{1}{2} \times 3 =$
28) $\frac{3}{10} + \frac{6}{10} =$
29) $3 - 2\frac{1}{3} =$
30) $4\frac{1}{4} \times 4 =$

실력 키우기:
아침에 일어나 씻고 옷 입고 잠자리에 들기까지 각 활동에 걸리는 시간을 기록한 오늘의 활동목록을 작성해보세요. 각 활동에 쓴 시간이 하루의 몇 퍼센트인지 계산해보세요. 여기서 나온 답을 분수로 바꾸고 약분해보세요.

각 분수를 소수로 바꿔보세요.

31) $\frac{1}{2}$ 32) $\frac{1}{4}$ 33) $\frac{3}{4}$

34) $\frac{2}{5}$ 35) $\frac{7}{10}$ 36) $\frac{3}{5}$

37) $\frac{3}{10}$ 38) $\frac{4}{5}$ 39) $\frac{1}{10}$

40) $\frac{1}{5}$ 41) $\frac{5}{10}$ 42) $\frac{6}{10}$

각 분수를 기약분수로 나타내세요.

43) $\frac{8}{16}$ 44) $\frac{20}{50}$ 45) $\frac{80}{100}$

46) $\frac{17}{19}$ 47) $\frac{24}{36}$ 48) $\frac{13}{39}$

49) $\frac{48}{60}$ 50) $\frac{24}{40}$ 51) $\frac{18}{54}$

52) $\frac{80}{200}$ 53) $\frac{16}{64}$ 54) $\frac{80}{120}$

55) $\frac{7}{21}$ 56) $\frac{9}{20}$ 57) $\frac{45}{70}$

58) $\frac{250}{1000}$ 59) $\frac{60}{600}$ 60) $\frac{21}{63}$

해답:

4~5 $\frac{1}{10}$로 계산하기

6~7 숫자, 물건, 그룹 분수

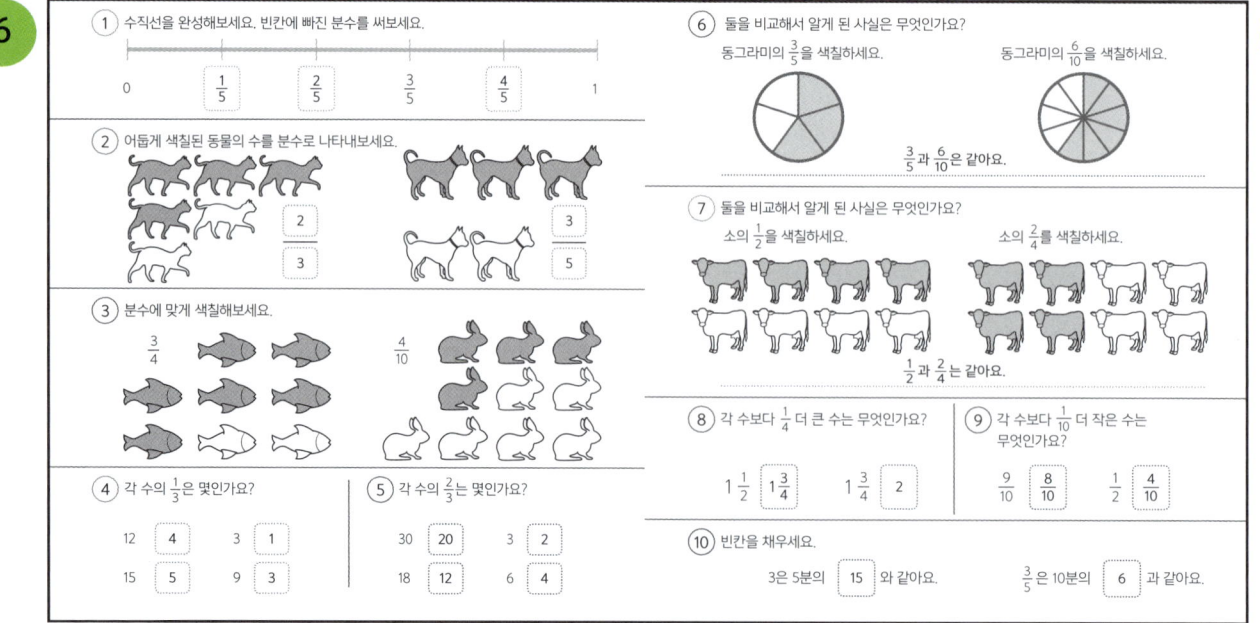

해답:

8~9 분수와 나눗셈 1

10~11 분수와 나눗셈 2

8

① 각 수의 $\frac{1}{2}$을 구해보세요.

| 8g | **4g** | 4cm | **2cm** | 10m | **5m** | 2원 | **1원** |
| 10원 | **5원** | 20원 | **10원** | 6원 | **3원** | 12원 | **6원** |

② 각 수를 2로 나눠보세요.

| 4 | **2** | 2 | **1** | 8 | **4** | 10 | **5** |
| 20 | **10** | 12 | **6** | 14 | **7** | 6 | **3** |

③ 각 수의 $\frac{1}{3}$을 구해보세요.

| 6 | **2** | 12 | **4** | 3 | **1** | 15 | **5** |
| 24 | **8** | 39 | **13** | 18 | **6** | 36 | **12** |

9

④ 각 수를 3으로 나눠보세요.

| 12원 | **4원** | 6g | **2g** | 15cm | **5cm** | 3원 | **1원** |

⑤ 각 수의 $\frac{2}{3}$를 구해보세요.

| 9g | **6g** | 18cm | **12cm** | 30m | **20m** | 3원 | **2원** |
| 6원 | **4원** | 12cm | **8cm** | 18g | **12g** | 15원 | **10원** |

⑥ 각 수의 $\frac{1}{4}$을 구해보세요.

| 4원 | **1원** | 20g | **5g** | 16cm | **4cm** | 8원 | **2원** |

⑦ 각 수를 4로 나눠보세요.

| 16 | **4** | 4 | **1** | 12 | **3** | 20 | **5** |

아이들은 $\frac{1}{4}$이 4로 나누는 것과 같다는 사실을 이해해야 합니다. 많은 아이가 이런 개념을 이해하지 못해서 다음 단계로 나아가지 못합니다. 마찬가지로 $\frac{3}{4}$같이 좀 더 복잡한 분수도 4로 나눈 다음 3으로 곱하는 것과 같다는 사실을 알아야 합니다.

10

① 각 수의 $\frac{3}{4}$을 구해보세요.

| 8g | **6g** | 4cm | **3cm** | 12m | **9m** | 20원 | **15원** |
| 16원 | **12원** | 24g | **18g** | 40cm | **30cm** | 4원 | **3원** |

② 각 수의 $\frac{1}{10}$을 구해보세요.

| 50원 | **5원** | 10cm | **1cm** | 30g | **3g** | 80cm | **8cm** |

③ 각 수를 10으로 나눠보세요.

| 20 | **2** | 50 | **5** | 10 | **1** | 30 | **3** |

④ 각 수의 $\frac{2}{4}$를 구해보세요.

| 18 | **9** | 16 | **8** | 40 | **20** | 6 | **3** |

11

⑤ 각 수의 $\frac{1}{5}$을 구해보세요.

| 25원 | **5원** | 5cm | **1cm** | 50g | **10g** | 10cm | **2cm** |

⑥ 각 수를 5로 나눠보세요.

| 15 | **3** | 25 | **5** | 5 | **1** | 20 | **4** |

⑦ 민지는 100그램짜리 초콜릿 한 개를 샀어요. 그중 $\frac{2}{5}$는 케이크를 만드는 데 쓰고 나머지는 먹었어요. 케이크에 들어간 초콜릿은 몇 그램일까요?

40g

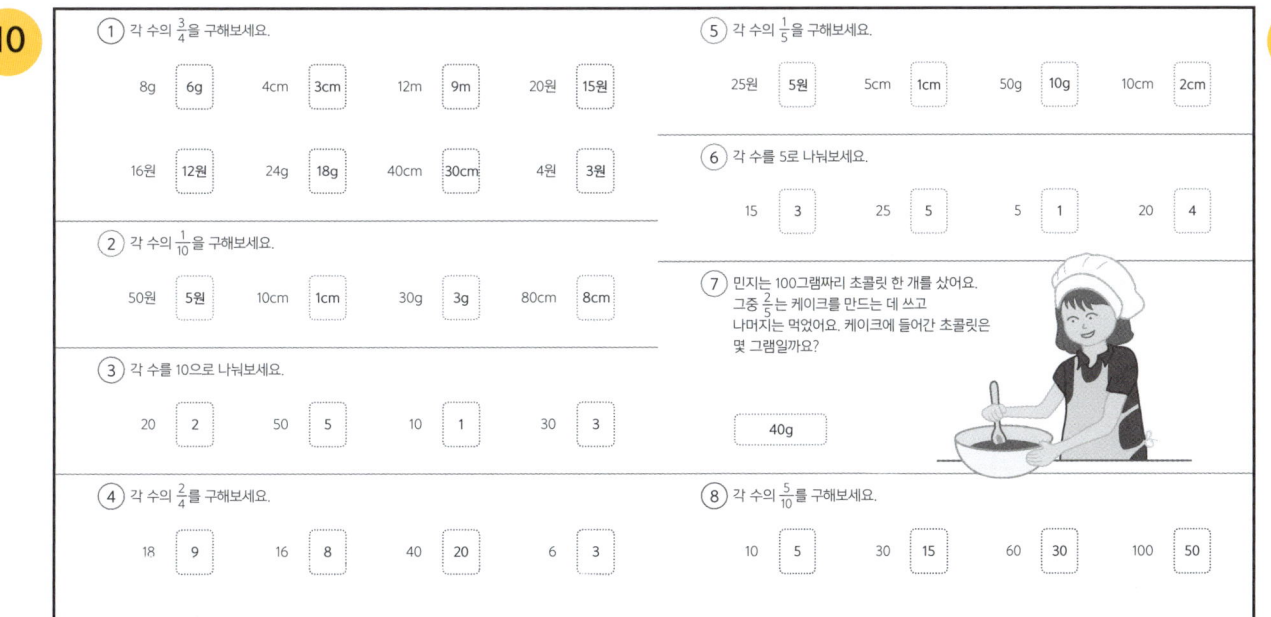

⑧ 각 수의 $\frac{5}{10}$를 구해보세요.

| 10 | **5** | 30 | **15** | 60 | **30** | 100 | **50** |

이런 유형의 문제를 계속 연습해야 합니다. 더 많이 연습할수록 좋습니다. 아이가 문제를 빨리 푸는 자기만의 요령을 터득하더라도 분모로 나누고 분자를 곱하는 방법부터 가르쳐야 합니다.

해답:

12~13 분수와 나눗셈 3
14~15 크기가 같은 분수 1

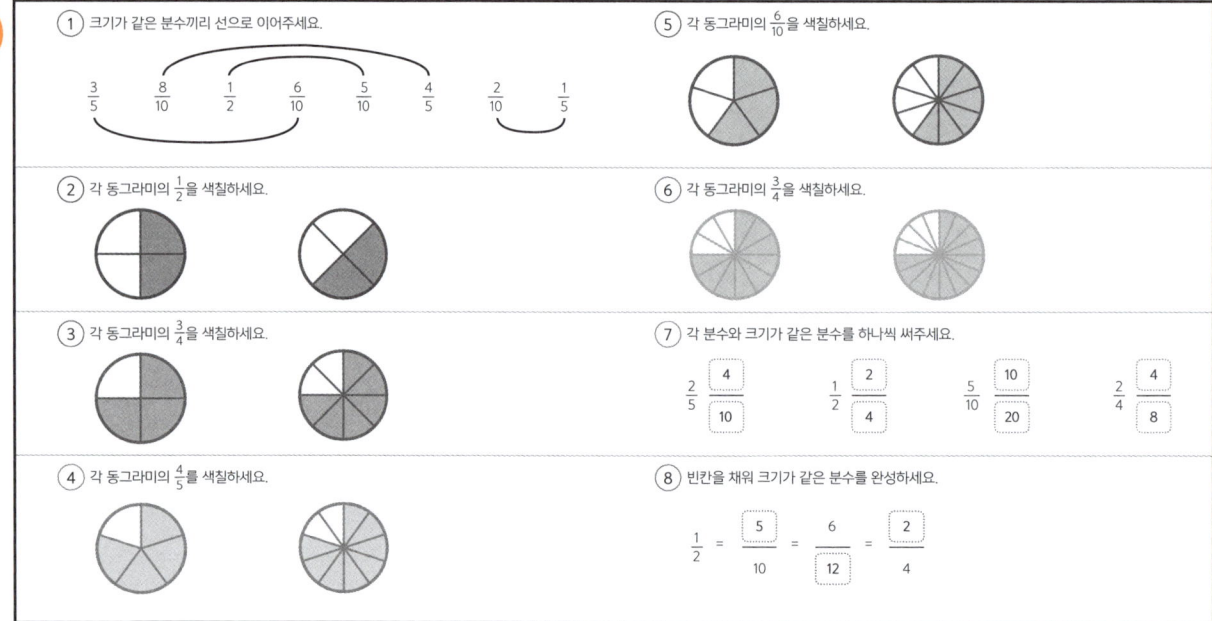

아이들은 계속 분수를 연습하고 실생활에서 사용하면서 구구단의 중요성을 깨달아야 합니다. 그저 구구단을 떠올리는 것이 아니라 정확하고 빠르게 적용할 줄 알아야 합니다. 적용 속도도 그만큼 중요하기 때문입니다.

약분은 아주 중요합니다. 약분을 하려면 아이가 분자와 분모의 연관성을 볼 줄 알아야 합니다. 예를 들어, $\frac{7}{21}$을 약분하려면 아이가 곱셈 구구 7단을 잘 알아야 합니다. 그리고 분자와 분모가 모두 짝수일 때 둘 다 2로 나눌 수 있다는 사실을 알고 있으면 유용합니다.

해답:

16~17 분수의 덧셈 1

18~19 분수의 뺄셈 1

20~21 시간 안에 끝내기 1, 80페이지 참조

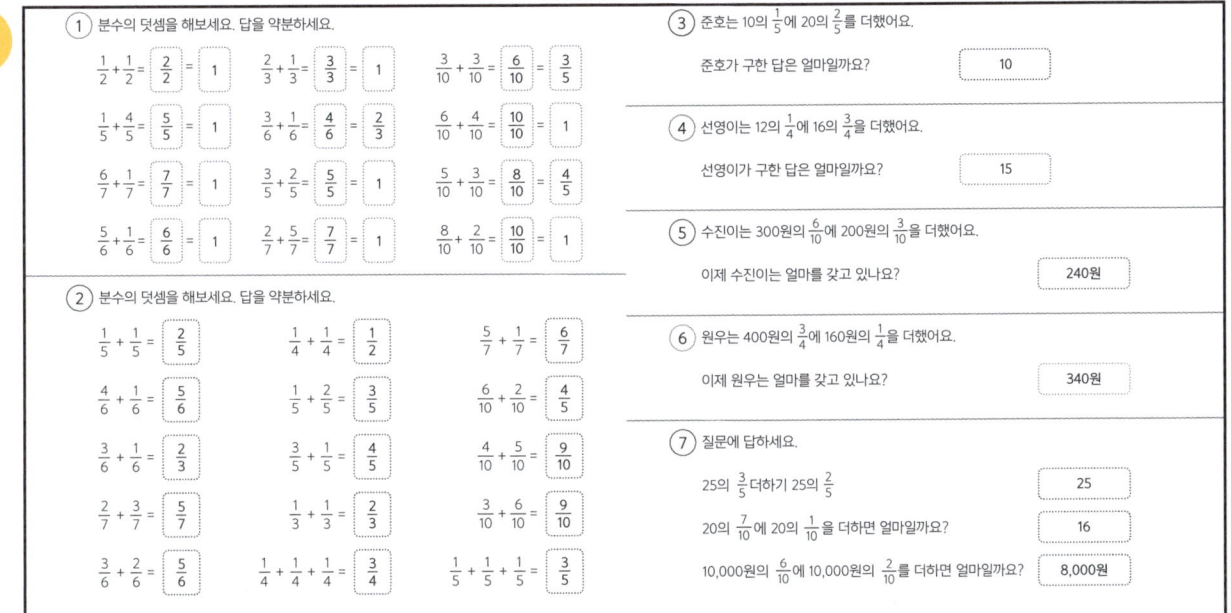

분모가 같은 분수의 덧셈은 아주 쉽습니다. 하지만 그 과정을 잘 이해하는 것이 중요합니다. 또한, $\frac{5}{10}$라는 답이 나왔을 때 어떻게 약분할지 바로 파악하는 방법을 배워야 합니다.

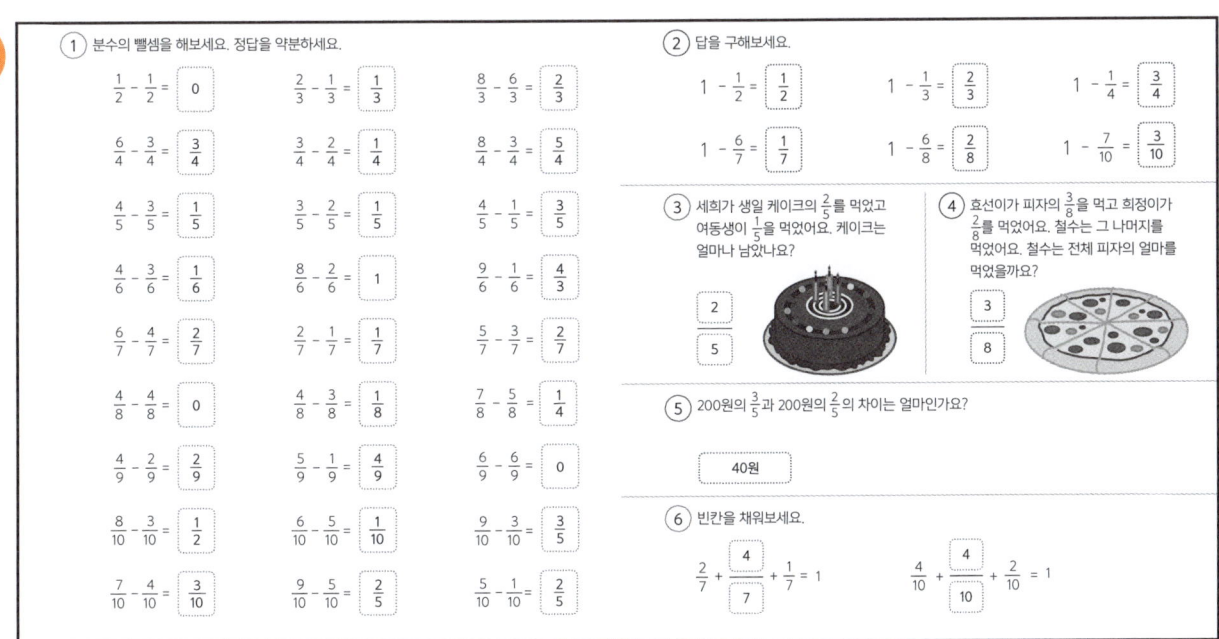

분모가 같은 분수의 뺄셈은 아주 쉽습니다. 하지만 자연수와 대분수를 올바른 분모를 가진 분수로 바꾸는 법을 알아야 합니다. 예를 들어, $1-\frac{2}{5}$를 풀 때 1을 우선 $\frac{5}{5}$로 바꾼 다음 뺄셈을 해야 합니다.

해답:

22~23 분수의 비교와 나열

24~25 $\frac{1}{100}$로 계산하기

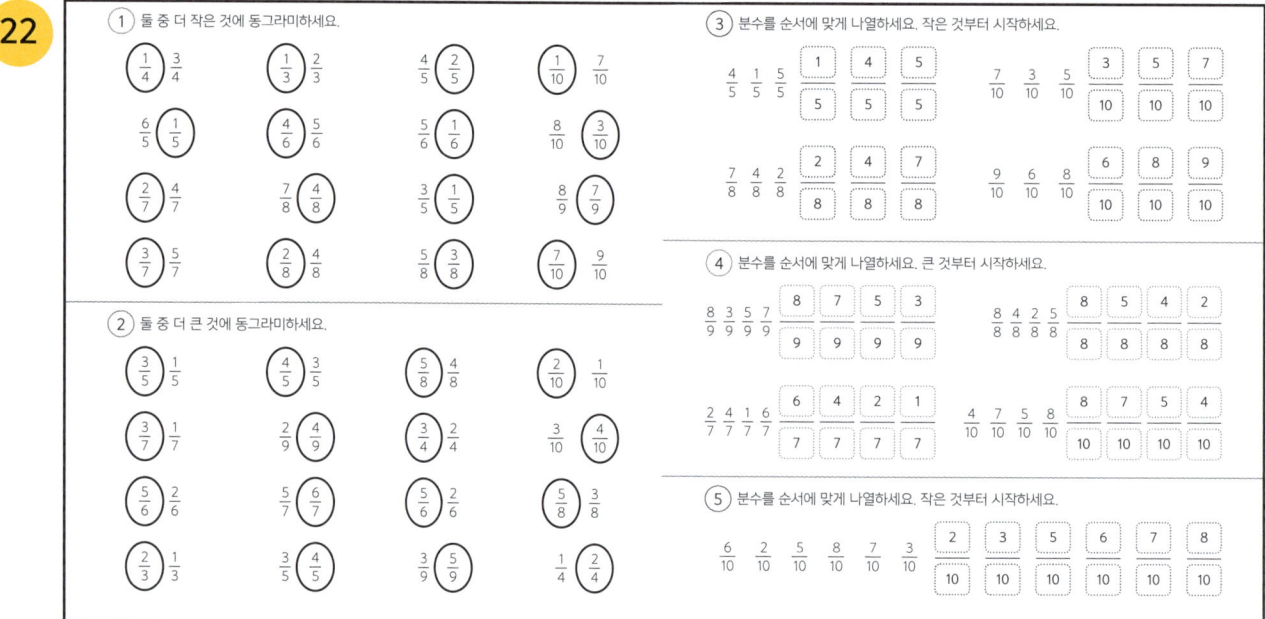

분수를 수직선에 표시하면 순서를 이해하는 데 도움이 됩니다. 아이가 이해하기 힘들어하면 선을 그리고 왼쪽에 0을, 오른쪽에 1을 써주세요. 이제 아이와 함께 선 위에 알맞은 분수를 표시해보세요.

10등분으로 표시되어 있는 선은 다양한 문제에 유용하게 쓰일 수 있습니다.

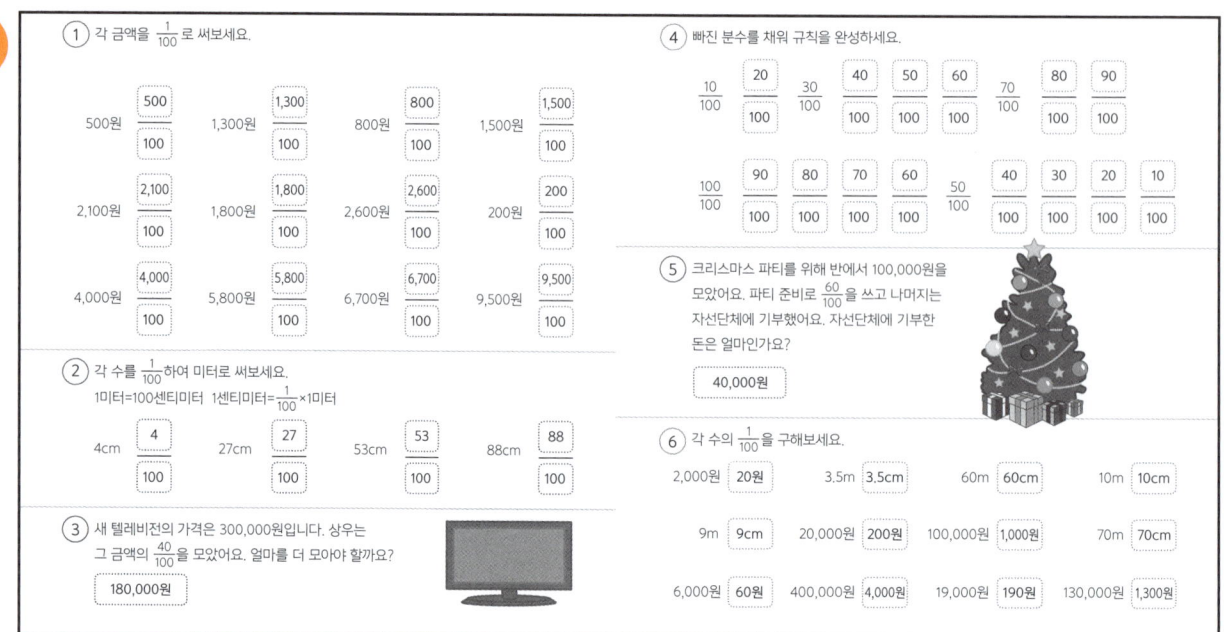

$\frac{1}{100}$로 계산하기는 특히 돈 계산이나 길이 측정과 관련이 있어서 다양한 실생활의 문제들을 해결하는 데 도움이 됩니다.

해답:

26~27 까다로운 분수 문제

28~29 크기가 같은 분수 2

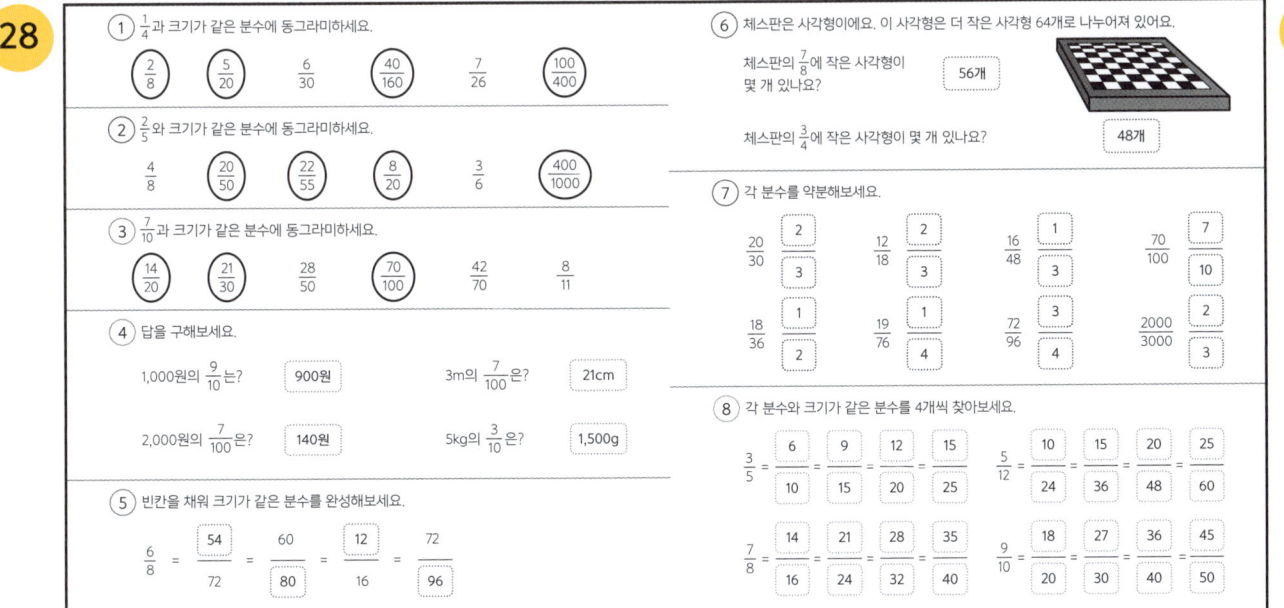

해답:

30~31 분수의 덧셈 2

32~33 분수의 뺄셈 2

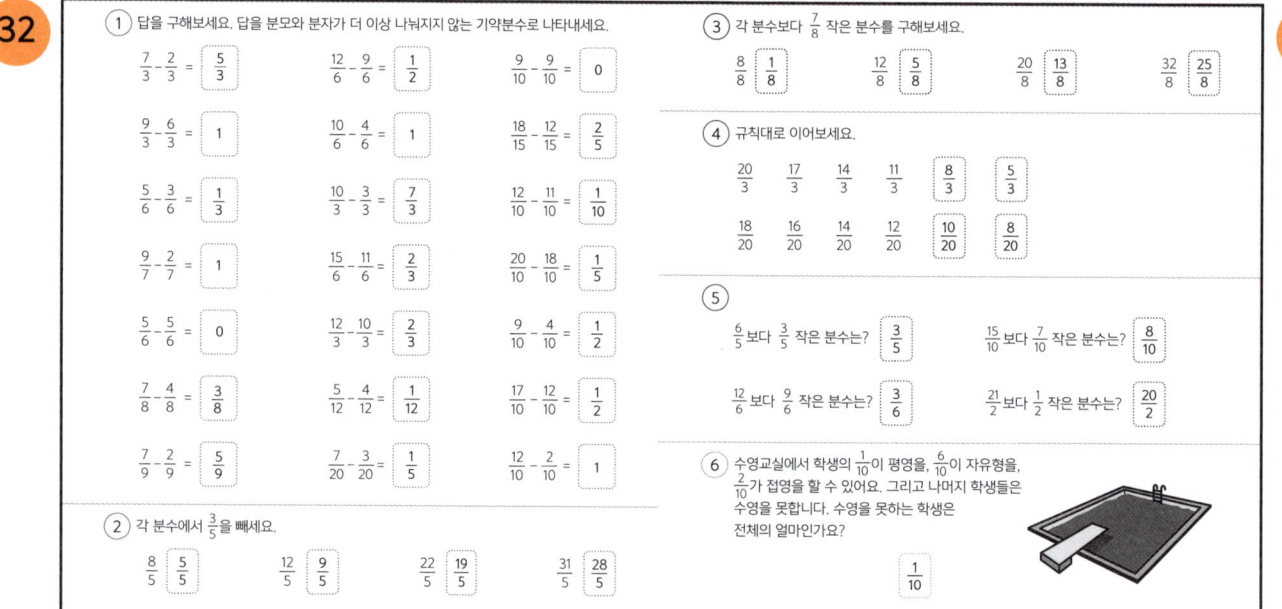

해답:

34~35 비교하고 나열하고 약분하기

36~37 대분수와 가분수

34

① 가장 작은 분수부터 시작해 순서대로 나열하세요.

$\frac{1}{2}\ \frac{2}{8}\ \frac{3}{4}\ \boxed{\frac{2}{8}}\ \boxed{\frac{1}{2}}\ \boxed{\frac{3}{4}}$ $\frac{4}{3}\ \frac{9}{12}\ \frac{3}{6}\ \boxed{\frac{3}{6}}\ \boxed{\frac{9}{12}}\ \boxed{\frac{4}{3}}$

$\frac{3}{8}\ \frac{5}{2}\ \frac{2}{4}\ \boxed{\frac{3}{8}}\ \boxed{\frac{2}{4}}\ \boxed{\frac{5}{2}}$ $\frac{4}{5}\ \frac{9}{10}\ \frac{7}{10}\ \boxed{\frac{7}{10}}\ \boxed{\frac{4}{5}}\ \boxed{\frac{9}{10}}$

② 각 분수를 약분해 자연수로 만들어보세요.

$\frac{12}{6}\ \boxed{2}$ $\frac{9}{3}\ \boxed{3}$ $\frac{16}{2}\ \boxed{8}$ $\frac{20}{10}\ \boxed{2}$

$\frac{16}{4}\ \boxed{4}$ $\frac{12}{3}\ \boxed{4}$ $\frac{14}{7}\ \boxed{2}$ $\frac{24}{6}\ \boxed{4}$

$\frac{8}{2}\ \boxed{4}$ $\frac{24}{2}\ \boxed{12}$ $\frac{12}{2}\ \boxed{6}$ $\frac{50}{2}\ \boxed{25}$

$\frac{72}{4}\ \boxed{18}$ $\frac{60}{5}\ \boxed{12}$ $\frac{80}{4}\ \boxed{20}$ $\frac{100}{5}\ \boxed{20}$

$\frac{24}{3}\ \boxed{8}$ $\frac{30}{6}\ \boxed{5}$ $\frac{42}{7}\ \boxed{6}$ $\frac{200}{10}\ \boxed{20}$

35

③ 각 쌍에서 더 큰 분수에 동그라미하세요.

$\boxed{\frac{12}{4}}\ \frac{4}{2}$ $\frac{18}{6}\ \boxed{\frac{12}{3}}$ $\frac{30}{10}\ \boxed{\frac{50}{5}}$ $\frac{48}{12}\ \boxed{\frac{20}{4}}$

④ 각 그룹에서 가장 작은 분수에 동그라미하세요.

$\frac{5}{2}\ \frac{8}{12}\ \boxed{\frac{2}{6}}$ $\frac{9}{4}\ \boxed{\frac{12}{8}}\ \frac{5}{2}$ $\frac{3}{5}\ \frac{12}{10}\ \boxed{\frac{1}{20}}$ $\frac{7}{8}\ \frac{2}{4}\ \boxed{\frac{3}{8}}$

⑤ 각 분수를 대분수로 바꾸세요.

$\frac{3}{2}\ 1\boxed{\frac{1}{2}}$ $\frac{13}{4}\ 3\boxed{\frac{1}{4}}$ $\frac{8}{5}\ 1\boxed{\frac{3}{5}}$

$\frac{7}{2}\ 3\boxed{\frac{1}{2}}$ $\frac{15}{2}\ 7\boxed{\frac{1}{2}}$ $\frac{27}{4}\ 6\boxed{\frac{3}{4}}$

$\frac{19}{3}\ 6\boxed{\frac{1}{3}}$ $\frac{38}{5}\ 7\boxed{\frac{3}{5}}$ $\frac{51}{7}\ 7\boxed{\frac{2}{7}}$

이 문제를 잘 풀기 위해서는 분모 사이의 연관성을 보고 통분을 할 줄 알아야 합니다. 예를 들어, $\frac{1}{2}$과 $\frac{1}{4}$의 공통분모는 4입니다.

36

① 대분수를 가분수로 바꿔보세요.

$3\frac{1}{2}\ \boxed{\frac{7}{2}}$ $5\frac{1}{3}\ \boxed{\frac{16}{3}}$ $7\frac{7}{10}\ \boxed{\frac{77}{10}}$ $7\frac{2}{5}\ \boxed{\frac{37}{5}}$

$3\frac{1}{10}\ \boxed{\frac{31}{10}}$ $5\frac{1}{2}\ \boxed{\frac{11}{2}}$ $8\frac{7}{8}\ \boxed{\frac{71}{8}}$ $6\frac{2}{5}\ \boxed{\frac{32}{5}}$

$8\frac{7}{10}\ \boxed{\frac{87}{10}}$ $4\frac{5}{6}\ \boxed{\frac{29}{6}}$ $3\frac{9}{10}\ \boxed{\frac{39}{10}}$ $3\frac{3}{8}\ \boxed{\frac{27}{8}}$

$1\frac{1}{10}\ \boxed{\frac{11}{10}}$ $4\frac{4}{5}\ \boxed{\frac{24}{5}}$ $2\frac{7}{9}\ \boxed{\frac{25}{9}}$ $10\frac{5}{6}\ \boxed{\frac{65}{6}}$

$10\frac{3}{4}\ \boxed{\frac{43}{4}}$ $5\frac{1}{8}\ \boxed{\frac{41}{8}}$ $6\frac{3}{5}\ \boxed{\frac{33}{5}}$ $12\frac{1}{2}\ \boxed{\frac{25}{2}}$

$11\frac{4}{7}\ \boxed{\frac{81}{7}}$ $5\frac{3}{4}\ \boxed{\frac{23}{4}}$ $2\frac{3}{5}\ \boxed{\frac{13}{5}}$ $6\frac{5}{8}\ \boxed{\frac{53}{8}}$

37

② 가분수를 대분수로 바꿔보세요.

$\frac{14}{3}\ 4\boxed{\frac{2}{3}}$ $\frac{27}{2}\ 13\boxed{\frac{1}{2}}$ $\frac{16}{5}\ 3\boxed{\frac{1}{5}}$

$\frac{26}{10}\ 2\boxed{\frac{6}{10}}$ $\frac{19}{4}\ 4\boxed{\frac{3}{4}}$ $\frac{12}{10}\ 1\boxed{\frac{2}{10}}$

$\frac{13}{3}\ 4\boxed{\frac{1}{3}}$ $\frac{32}{10}\ 3\boxed{\frac{2}{10}}$ $\frac{15}{9}\ 1\boxed{\frac{6}{9}}$

$\frac{13}{12}\ 1\boxed{\frac{1}{12}}$ $\frac{42}{10}\ 4\boxed{\frac{2}{10}}$ $\frac{81}{2}\ 40\boxed{\frac{1}{2}}$

$\frac{29}{4}\ 7\boxed{\frac{1}{4}}$ $\frac{62}{5}\ 12\boxed{\frac{2}{5}}$ $\frac{67}{11}\ 6\boxed{\frac{1}{11}}$

$\frac{39}{12}\ 3\boxed{\frac{3}{12}}$ $\frac{30}{7}\ 4\boxed{\frac{2}{7}}$ $\frac{50}{20}\ 2\boxed{\frac{10}{20}}$

대분수는 수학에서 일반적으로 쓰입니다. 아이들은 대분수를 가분수로, 반대로 가분수를 대분수로 바꿀 줄 알아야 합니다.

해답:

38~39 더하고 빼고 약분하기

40~41 시간 안에 끝내기 2, 80페이지 참조

42~43 분수의 곱셈 1

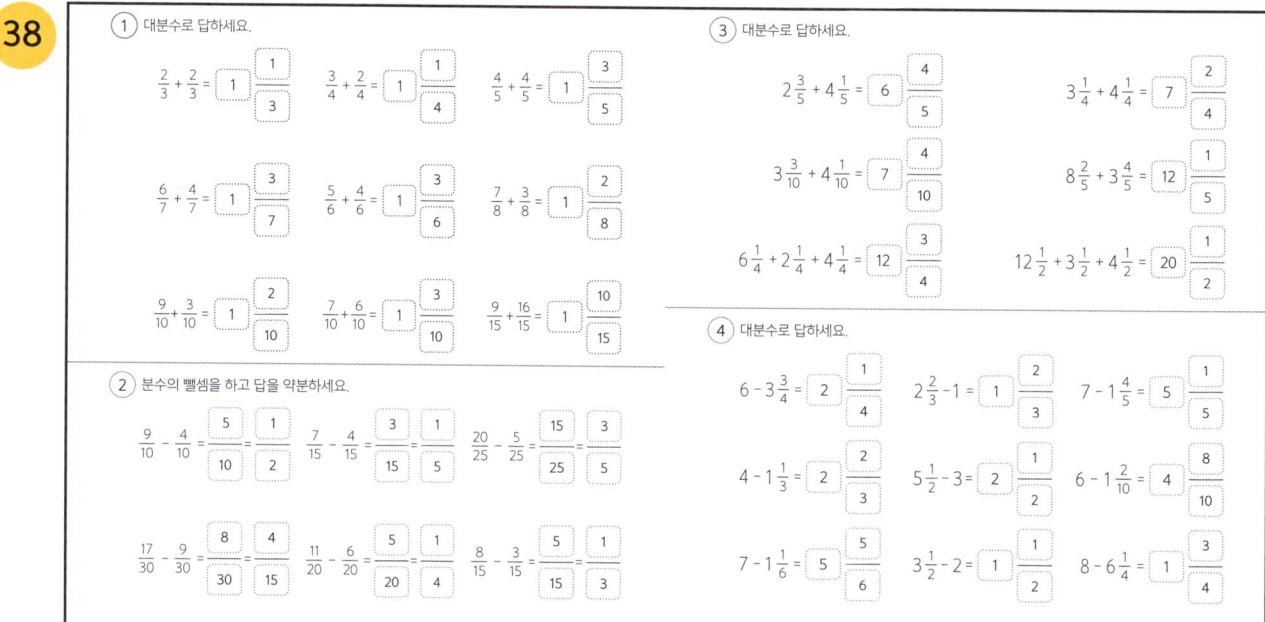

이 페이지에서는 이전에 배운 내용이 이어집니다. 답을 기약분수로 나타내는 것이 문제를 해결하는 핵심요령이에요. 기호를 잘못 읽어 빼는 대신 더하거나, 반대로 더하는 대신 빼는 일 없이 문제를 풀 수 있어야 합니다.

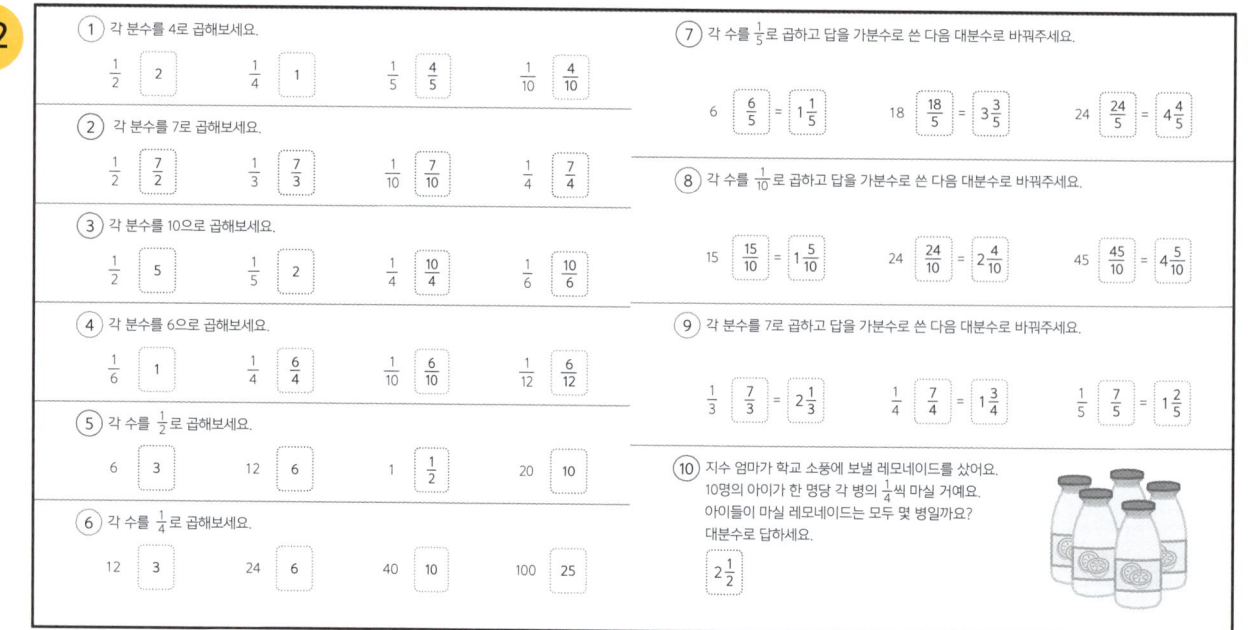

분자에 자연수를 곱할 줄은 알지만 답을 낸 후에 약분하기를 잊는 경우가 많습니다. 그리고 가분수를 대분수로 바꿀 줄도 알아야 합니다.

해답:

44~45 분수의 곱셈 2

46~47 곱하고 약분하기

44

① 각 분수를 8로 곱하고 답을 가분수로 쓴 다음 대분수로 바꿔주세요.

$\frac{1}{3}$ $\frac{8}{3} = 2\frac{2}{3}$ $\frac{3}{7}$ $\frac{24}{7} = 3\frac{3}{7}$ $\frac{4}{5}$ $\frac{32}{5} = 6\frac{2}{5}$

② 각 분수를 4로 곱하고 답을 가분수로 쓴 다음 대분수로 바꿔주세요.

$\frac{2}{5}$ $\frac{8}{5} = 1\frac{3}{5}$ $\frac{2}{3}$ $\frac{8}{3} = 2\frac{2}{3}$ $\frac{3}{5}$ $\frac{12}{5} = 2\frac{2}{5}$

③ 각 분수를 6으로 곱하고 답을 가분수로 쓴 다음 대분수로 바꿔주세요.

$\frac{3}{4}$ $\frac{18}{4} = 4\frac{2}{4}$ $\frac{4}{5}$ $\frac{24}{5} = 4\frac{4}{5}$ $\frac{2}{7}$ $\frac{12}{7} = 1\frac{5}{7}$

④ 각 분수를 12로 곱하고 답을 가분수로 쓴 다음 대분수로 바꿔주세요.

$\frac{3}{7}$ $\frac{36}{7} = 5\frac{1}{7}$ $\frac{2}{5}$ $\frac{24}{5} = 4\frac{4}{5}$ $\frac{6}{10}$ $\frac{72}{10} = 7\frac{2}{10}$

⑤ 각 분수를 10으로 곱하고 답을 가분수로 쓴 다음 대분수로 바꿔주세요.

$\frac{7}{12}$ $\frac{70}{12} = 5\frac{10}{12}$ $\frac{4}{3}$ $\frac{40}{3} = 13\frac{1}{3}$ $\frac{5}{6}$ $\frac{50}{6} = 8\frac{2}{6}$

45

⑥ 각 수를 $\frac{1}{4}$로 곱한 다음 답을 약분하세요.

24 $\frac{24}{4} = 6$ 40 $\frac{40}{4} = 10$ 32 $\frac{32}{4} = 8$

⑦ 각 수를 $\frac{3}{5}$으로 곱하고 답을 가분수로 쓴 다음 대분수로 바꿔주세요.

12 $\frac{36}{5} = 7\frac{1}{5}$ 16 $\frac{48}{5} = 9\frac{3}{5}$ 21 $\frac{63}{5} = 12\frac{3}{5}$

⑧ 각 수를 $\frac{3}{4}$으로 곱하고 답을 가분수로 쓴 다음 대분수로 바꿔주세요.

15 $\frac{45}{4} = 11\frac{1}{4}$ 21 $\frac{63}{4} = 15\frac{3}{4}$ 26 $\frac{78}{4} = 19\frac{2}{4}$

⑨ 각 분수를 9로 곱하고 답을 가분수로 쓴 다음 대분수로 바꿔주세요.

$\frac{2}{7}$ $\frac{18}{7} = 2\frac{4}{7}$ $\frac{3}{4}$ $\frac{27}{4} = 6\frac{3}{4}$ $\frac{4}{5}$ $\frac{36}{5} = 7\frac{1}{5}$

⑩ 각 분수를 11로 곱하고 답을 가분수로 쓴 다음 대분수로 바꿔주세요.

$\frac{3}{4}$ $\frac{33}{4} = 8\frac{1}{4}$ $\frac{5}{7}$ $\frac{55}{7} = 7\frac{6}{7}$ $\frac{3}{8}$ $\frac{33}{8} = 4\frac{1}{8}$

앞 페이지에서 이어지는 문제로 조금 더 어렵고, 조금 더 큰 수를 가진 분수 문제입니다. 항상 가분수를 대분수로 바꾸고 답을 기약분수로 나타낼 수 있게 해주세요.

46

① 분수의 곱셈을 해보세요.

$\frac{1}{2} \times \frac{1}{3} = \frac{1}{6}$ $\frac{1}{2} \times \frac{1}{4} = \frac{1}{8}$ $\frac{1}{5} \times \frac{1}{2} = \frac{1}{10}$

$\frac{1}{10} \times \frac{1}{2} = \frac{1}{20}$ $\frac{1}{5} \times \frac{2}{3} = \frac{2}{15}$ $\frac{3}{4} \times \frac{1}{2} = \frac{3}{8}$

② 분수를 곱하고 답을 약분하세요.

$\frac{6}{10} \times \frac{2}{3} = \frac{2}{5}$ $\frac{3}{5} \times \frac{5}{8} = \frac{3}{8}$ $\frac{3}{4} \times \frac{5}{6} = \frac{5}{8}$

$\frac{1}{4} \times \frac{2}{3} = \frac{1}{6}$ $\frac{1}{4} \times \frac{4}{7} = \frac{1}{7}$ $\frac{3}{10} \times \frac{5}{7} = \frac{3}{14}$

$\frac{1}{3} \times \frac{3}{5} = \frac{1}{5}$ $\frac{3}{8} \times \frac{2}{3} = \frac{1}{4}$ $\frac{1}{10} \times \frac{2}{3} = \frac{1}{15}$

47

③ 분수를 곱하고 답을 약분하세요.

$\frac{1}{10} \times \frac{1}{5} = \frac{1}{50}$ $\frac{2}{5} \times \frac{2}{10} = \frac{2}{25}$ $\frac{1}{12} \times \frac{2}{3} = \frac{1}{18}$

$\frac{2}{12} \times \frac{3}{4} = \frac{1}{8}$ $\frac{3}{12} \times \frac{3}{4} = \frac{3}{16}$ $\frac{5}{12} \times \frac{2}{3} = \frac{5}{18}$

$\frac{6}{12} \times \frac{5}{10} = \frac{1}{4}$ $\frac{3}{4} \times \frac{6}{8} = \frac{9}{16}$ $\frac{1}{2} \times \frac{1}{3} \times \frac{1}{4} = \frac{1}{24}$

$\frac{1}{3} \times \frac{1}{5} \times \frac{1}{10} = \frac{1}{150}$ $\frac{1}{4} \times \frac{2}{3} \times \frac{3}{4} = \frac{3}{32}$ $\frac{1}{3} \times \frac{2}{3} \times \frac{1}{4} = \frac{1}{18}$

$\frac{1}{5} \times \frac{1}{3} \times \frac{1}{10} = \frac{1}{150}$ $\frac{1}{5} \times \frac{2}{3} \times \frac{1}{10} = \frac{1}{75}$ $\frac{1}{5} \times \frac{2}{5} \times \frac{3}{5} = \frac{6}{125}$

$\frac{1}{4} \times \frac{2}{4} \times \frac{3}{4} = \frac{3}{32}$ $\frac{7}{12} \times \frac{1}{2} \times \frac{8}{10} = \frac{7}{30}$ $\frac{3}{4} \times \frac{4}{5} \times \frac{5}{6} = \frac{1}{2}$

아이들은 분자는 분자끼리 분모는 분모끼리 곱해야 한다는 것을 이미 알고 있을 거예요. 답을 기약분수로 나타낼 수 있게 해주세요. 곱하기 전에 약분해도 좋습니다. 계산할 때 수의 크기를 줄일 수 있기 때문입니다. 예를 들어, $\frac{98}{196} \times \frac{350}{700}$ 은 $\frac{1}{2} \times \frac{1}{2}$과 같습니다!

해답:

48~49 분수의 나눗셈

50~51 분수의 곱셈과 나눗셈

48

① 분수를 자연수로 나눠보세요. 답을 약분하세요.

$\frac{1}{3} \div 2 = \frac{1}{6}$ $\frac{1}{4} \div 3 = \frac{1}{12}$ $\frac{1}{5} \div 2 = \frac{1}{10}$

$\frac{1}{10} \div 4 = \frac{1}{40}$ $\frac{2}{3} \div 2 = \frac{1}{3}$ $\frac{3}{4} \div 2 = \frac{3}{8}$

$\frac{3}{5} \div 3 = \frac{1}{5}$ $\frac{1}{10} \div 3 = \frac{1}{30}$ $\frac{1}{2} \div 10 = \frac{1}{20}$

$\frac{1}{3} \div 8 = \frac{1}{24}$ $\frac{1}{10} \div 7 = \frac{1}{70}$ $\frac{2}{3} \div 4 = \frac{1}{6}$

$\frac{4}{5} \div 3 = \frac{4}{15}$ $\frac{3}{4} \div 6 = \frac{1}{8}$ $\frac{5}{8} \div 10 = \frac{1}{16}$

$\frac{4}{5} \div 4 = \frac{1}{5}$ $\frac{2}{3} \div 12 = \frac{1}{18}$ $\frac{5}{6} \div 10 = \frac{1}{12}$

자연수로 나누는 것이 그 자연수를 분모로 하고 분자가 1이 되는 분수로 곱하는 것과 같다는 것을 알고 있어야 합니다. 예를 들어,

49

② 답을 기약분수로 나타내세요.

$\frac{4}{9} \div 8 = \frac{1}{18}$ $\frac{7}{8} \div 7 = \frac{1}{8}$ $\frac{8}{9} \div 4 = \frac{2}{9}$

$\frac{5}{7} \div 5 = \frac{1}{7}$ $\frac{4}{10} \div 4 = \frac{1}{10}$ $\frac{5}{9} \div 10 = \frac{1}{18}$

$\frac{6}{7} \div 12 = \frac{1}{14}$ $\frac{4}{5} \div 12 = \frac{1}{15}$ $\frac{8}{12} \div 8 = \frac{1}{12}$

$\frac{3}{7} \div 12 = \frac{1}{28}$ $\frac{6}{10} \div 4 = \frac{3}{20}$ $\frac{6}{7} \div 10 = \frac{3}{35}$

③ 지형이는 10,000원을 가지고 있어요. 놀이공원에서 아이 4명에게 돈의 $\frac{4}{5}$ 를 나눠주었어요. 아이들은 각각 얼마씩 쓸 수 있나요?

2,000원

9로 나누는 것은 $\frac{1}{9}$로 곱하는 것과 같습니다. 답을 기약분수로 나타낼 수 있게 해주세요.

50

① 각 분수를 8로 곱해보세요. 답을 가분수로 쓴 다음 대분수로 바꿔주세요.

$\frac{4}{7}$ $\frac{32}{7} = 4\frac{4}{7}$ $\frac{8}{9}$ $\frac{64}{9} = 7\frac{1}{9}$ $\frac{4}{11}$ $\frac{32}{11} = 2\frac{10}{11}$

② 각 분수를 15로 곱해보세요. 답을 가분수로 쓴 다음 대분수나 자연수로 바꿔주세요.

$\frac{1}{4}$ $\frac{15}{4} = 3\frac{3}{4}$ $\frac{2}{10}$ $\frac{30}{10} = 3$ $\frac{4}{5}$ $\frac{60}{5} = 12$

③ 각 분수를 20으로 곱해보세요. 답을 가분수로 쓴 다음 대분수로 바꿔주세요.

$\frac{5}{6}$ $\frac{100}{6} = 16\frac{4}{6}$ $\frac{8}{12}$ $\frac{160}{12} = 13\frac{4}{12}$ $\frac{6}{7}$ $\frac{120}{7} = 17\frac{1}{7}$

④ 각 대분수를 4로 곱해보세요. 답을 기약분수로 나타내세요.

$4\frac{1}{8}$ $16\frac{1}{2}$ $2\frac{1}{4}$ 9 $3\frac{3}{4}$ 15 $1\frac{1}{2}$ 6

⑤ 각 대분수를 10으로 곱해보세요. 답을 기약분수로 나타내세요.

$4\frac{1}{2}$ 45 $5\frac{2}{5}$ 54 $7\frac{1}{4}$ $72\frac{1}{2}$ $10\frac{1}{10}$ 101

아이들은 이런 문제를 푸는 방법을 적어도 두 가지는 배웠기 때문에 개인적으로 선호하는 방식을 따르면 됩니다. 아이가 어느 한 가지 방법에 자신 있어 한다면 계속 그 방법을 사용하게 해주세요.

51

⑥ 각 자연수를 3으로 나누고 대분수로 답하세요.

10   $3\frac{1}{3}$ 14 $4\frac{2}{3}$ 20 $6\frac{2}{3}$ 28 $9\frac{1}{3}$

⑦ 각 자연수를 5로 나누고 대분수로 답하세요.

18   $3\frac{3}{5}$ 27 $5\frac{2}{5}$ 43 $8\frac{3}{5}$ 61 $12\frac{1}{5}$

⑧ 각 자연수를 7로 나누고 대분수로 답하세요.

9   $1\frac{2}{7}$ 18 $2\frac{4}{7}$ 45 $6\frac{3}{7}$ 67 $9\frac{4}{7}$

⑨ 각 자연수를 8로 나누고 대분수로 답하세요.

23   $2\frac{7}{8}$ 41 $5\frac{1}{8}$ 9 $1\frac{1}{8}$ 45 $5\frac{5}{8}$

⑩ 각 자연수를 10으로 나누고 대분수로 답하세요.

15   $1\frac{1}{2}$ 23 $2\frac{3}{10}$ 56 $5\frac{3}{5}$ 77 $7\frac{7}{10}$

아이가 어려워하면 또 다른 방식으로 지도하거나 선생님께 문의하세요.

해답:

52~53 통분

54~55 분수의 비교

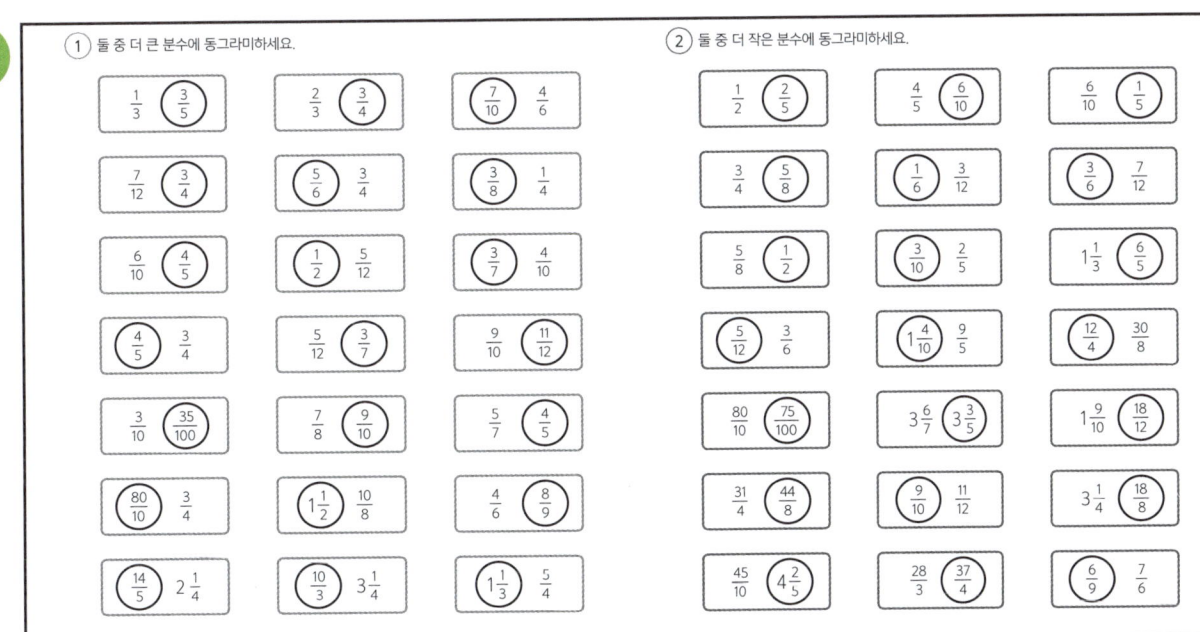

두 분수의 공통분모를 알기 위해서는 구구단을 잘 알 필요가 있습니다. 예를 들어, $\frac{1}{6}$과 $\frac{1}{7}$의 공통분모는 42입니다. 아이들이 가장 작은 배수인 최소공배수를 찾을 수 있게 해주세요.

예를 들어, 72도 $\frac{1}{12}$과 $\frac{1}{6}$의 공통분모이긴 하지만 사실은 12로 통분해야 합니다!

앞에서 나온 내용에서 이어지는 문제입니다. 하지만 비교하는 단계로 넘어가기 전, 대분수를 가분수로 바꿔야 할 때도 있기 때문에 풀이과정이 좀 더 복잡해질 수 있습니다.

해답:

56~57 더 많은 덧셈과 뺄셈

58~59 분수와 소수

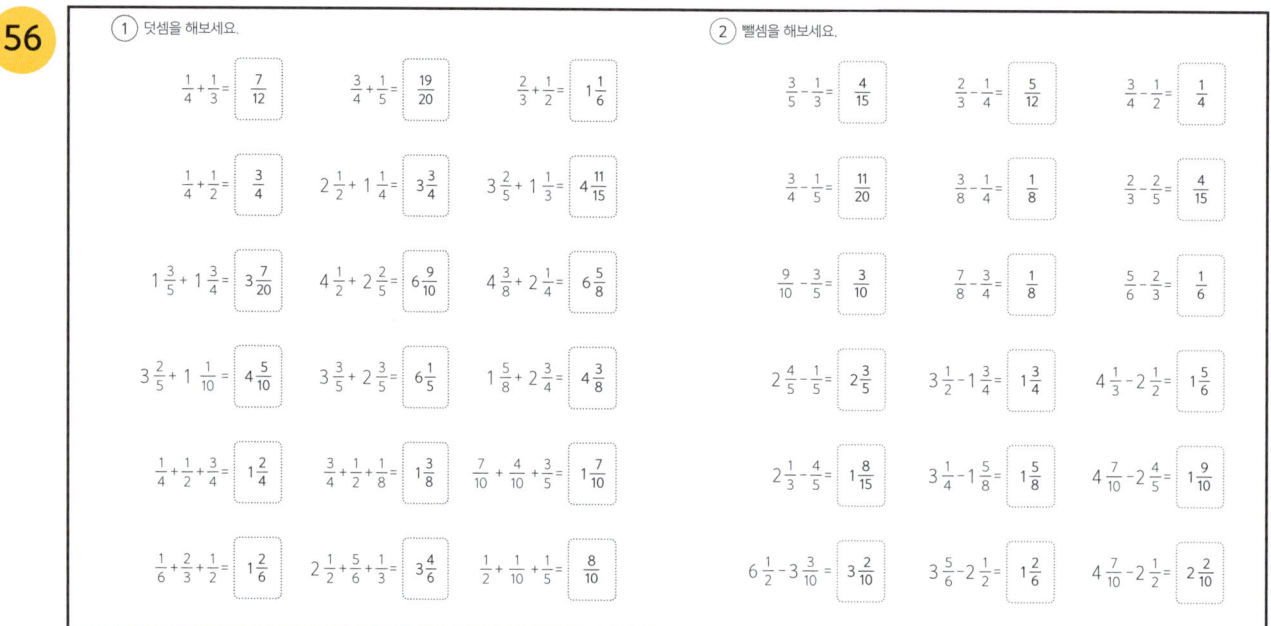

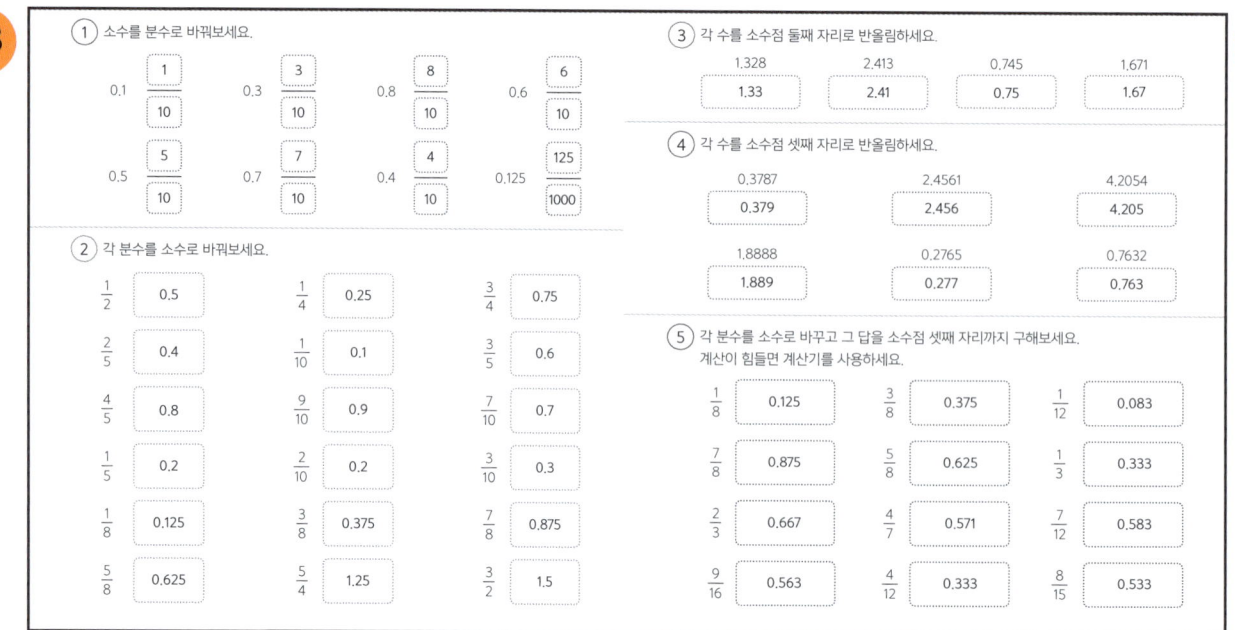

해답:

60~61 분수와 백분율 1

62~63 분수와 백분율 2

64~65 시간 안에 끝내기 3, 80페이지 참조

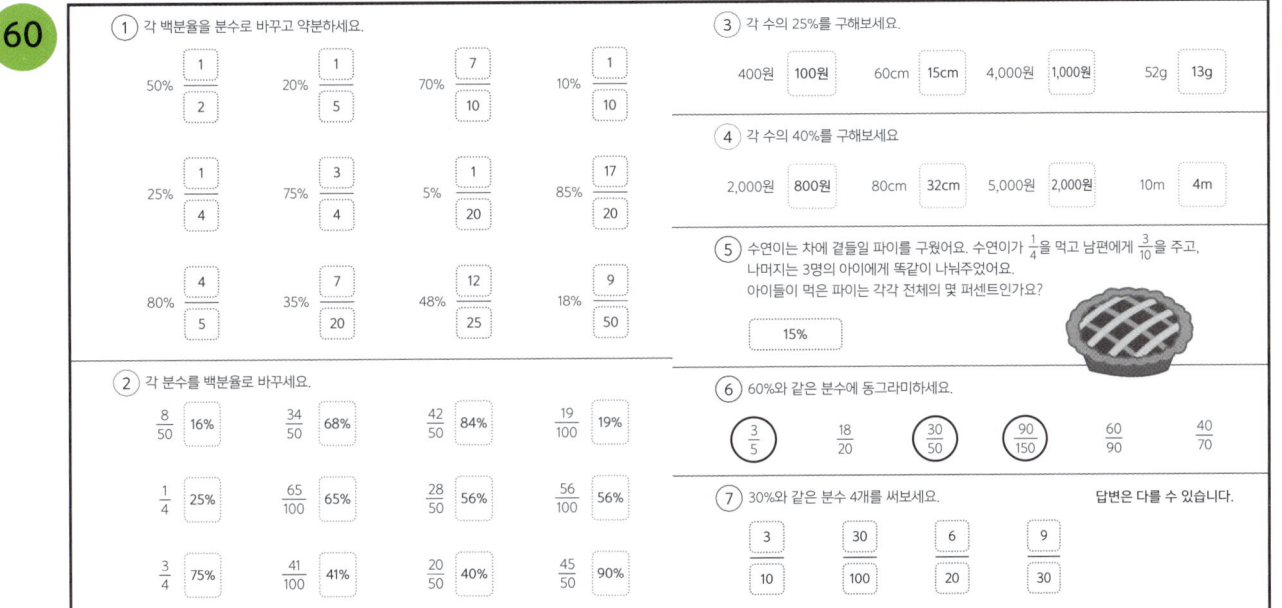

50%와 같은 간단한 백분율은 아이들이 쉽고 빠르게 이해할 수 있을 거예요. 아이가 분수와 백분율 사이의 관계를 알고 특히

$\frac{1}{100}, \frac{1}{10}, \frac{1}{5}$과 같은 분수를 잘 이해하는 것이 중요합니다. 1,000원의 10%가 100원임을 알면 아주 유용합니다.

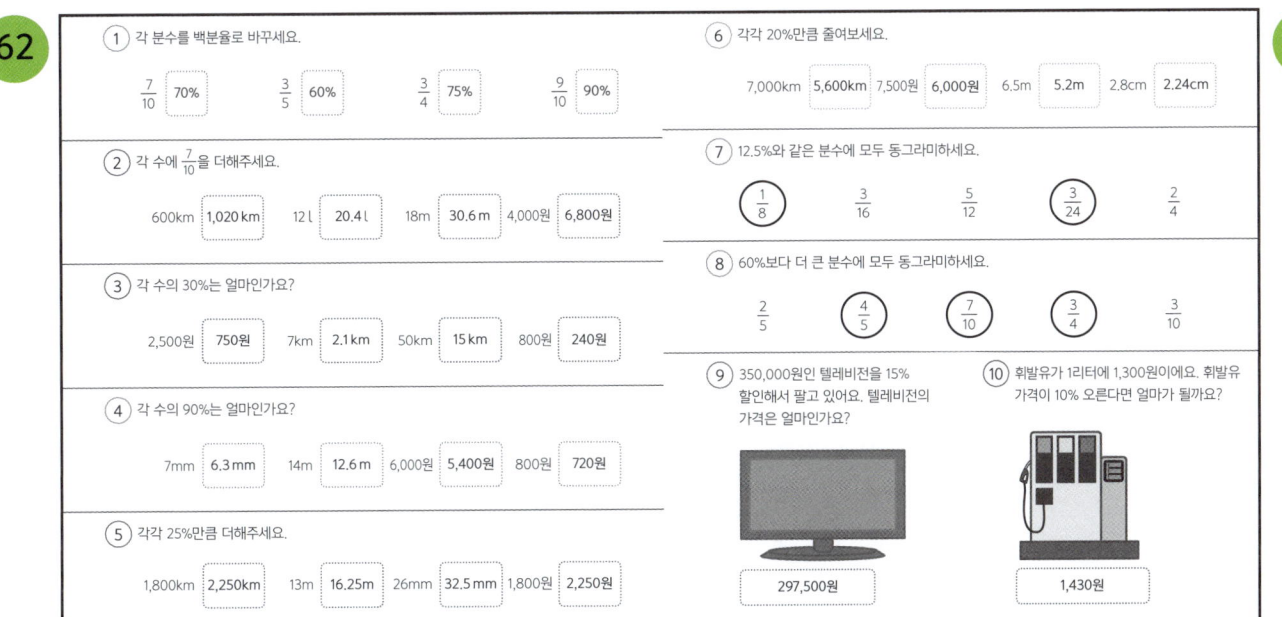

백분율과 분수 사이의 관계 문제입니다. 이제 아이들은 서로 일치하는 분수와 백분율을 인식할 수 있어야 하고 분수와 백분율 문제를 잘 풀고 둘을 서로 바꾸는 문제도 쉽게 해결할 수 있어야 합니다.

해답:

20~21 시간 안에 끝내기 1

40~41 시간 안에 끝내기 2

64~65 시간 안에 끝내기 3

이 책에 나오는 '시간 안에 끝내기' 페이지는 이제껏 배운 것들을 재빨리 해결하는 능력을 시험하는 페이지입니다. 이 테스트는 아이가 어느 정도 긴장감을 느끼며 할 필요가 있어요. 이런 종류의 테스트를 할 때는 시작하기 전 아이에게 한 문제를 붙잡고 있지 말고 쭉 풀어나가되 시간이 남을 때 풀기 어려웠던 문제로 돌아와야 한다고 말해주세요. 아이가 자신의 점수와 테스트를 끝내는 데 걸린 시간을 기록할 수 있게 하고 다음에 다시 테스트를 실시하여 이전 기록과 비교할 수 있게 해주세요.

20~21

#	답	#	답	#	답
1	3	2	6	3	10
4	9	5	20	6	50
7	1	8	5	9	40
10	15	11	25	12	6
13	10원	14	5cm	15	10m
16	2cm	17	3cm	18	200원
19	4cm	20	6g	21	9m
22	7g	23	110원	24	150원
25	100원	26	4g	27	1cm
28	9m	29	7cm	30	20g
31	20g	32	80원	33	2g
34	6g	35	10cm	36	16g
37	400원	38	12m	39	22g
40	40원	41	14cm	42	180원
43	120원	44	18g	45	3cm
46	9g	47	30g	48	60원
49	21m	50	27cm	51	240원
52	45cm	53	15g	54	3,300원
55	90원	56	24g	57	1,500원
58	36m	59	300원	60	21g

40~41

#	답	#	답	#	답
1	$\frac{7}{2}$	2	$\frac{22}{3}$	3	$\frac{29}{10}$
4	$\frac{32}{7}$	5	$\frac{26}{3}$	6	$\frac{51}{12}$
7	$\frac{21}{5}$	8	$\frac{42}{5}$	9	$\frac{53}{5}$
10	$\frac{46}{7}$	11	$\frac{60}{9}$	12	$\frac{51}{5}$
13	$\frac{41}{9}$	14	$\frac{88}{9}$	15	$\frac{125}{6}$
16	$3\frac{7}{12}$	17	$3\frac{3}{5}$	18	$10\frac{1}{2}$
19	$3\frac{3}{10}$	20	$4\frac{2}{3}$	21	$6\frac{2}{8}$
22	$7\frac{1}{6}$	23	$6\frac{1}{12}$	24	$6\frac{1}{9}$
25	$\frac{1}{2}$	26	$\frac{2}{3}$	27	$\frac{3}{4}$
28	$\frac{4}{5}$	29	$\frac{9}{10}$	30	$\frac{3}{5}$
31	12	32	5	33	8
34	7	35	4	36	6
37	9	38	40	39	100
40	3	41	2	42	$1\frac{1}{5}$
43	$\frac{3}{5}$	44	$10\frac{1}{5}$	45	$10\frac{1}{2}$
46	$\frac{3}{4}$	47	$\frac{14}{8}$	48	$\frac{10}{3}$
49	$2\frac{5}{9}$	50	$\frac{19}{4}$	51	$\frac{90}{10}$
52	$\frac{120}{12}$	53	$1\frac{2}{9}$	54	$\frac{20}{6}$

64~65

#	답	#	답	#	답
1	$\frac{1}{4}$	2	$\frac{3}{5}$	3	$\frac{3}{4}$
4	$\frac{1}{10}$	5	$\frac{7}{20}$	6	$\frac{17}{20}$
7	$\frac{1}{2}$	8	$\frac{9}{10}$	9	$\frac{13}{20}$
10	$\frac{3}{10}$	11	$\frac{7}{10}$	12	$\frac{1}{5}$
13	$\frac{2}{5}$	14	$\frac{1}{100}$	15	$\frac{1}{20}$
16	$\frac{3}{4}$	17	$\frac{1}{9}$	18	$\frac{4}{10}$
19	$\frac{2}{3}$	20	$\frac{5}{8}$	21	$\frac{2}{9}$
22	$\frac{1}{3}$	23	$\frac{2}{5}$	24	$\frac{6}{35}$
25	$\frac{11}{12}$	26	$\frac{1}{2}$	27	$7\frac{1}{2}$
28	$\frac{9}{10}$	29	$\frac{2}{3}$	30	17
31	0.5	32	0.25	33	0.75
34	0.4	35	0.7	36	0.6
37	0.3	38	0.8	39	0.1
40	0.2	41	0.5	42	0.6
43	$\frac{1}{2}$	44	$\frac{2}{5}$	45	$\frac{4}{5}$
46	$\frac{17}{19}$	47	$\frac{2}{3}$	48	$\frac{1}{3}$
49	$\frac{4}{5}$	50	$\frac{3}{5}$	51	$\frac{1}{3}$
52	$\frac{2}{5}$	53	$\frac{1}{4}$	54	$\frac{2}{3}$
55	$\frac{1}{3}$	56	$\frac{9}{20}$	57	$\frac{9}{14}$
58	$\frac{1}{4}$	59	$\frac{1}{10}$	60	$\frac{1}{3}$